理论热点**面对面** 2021

新征程面对面

★ 中共中央宣传部理论局

学习出版社

人民出版社

图书在版编目（CIP）数据

新征程面对面：理论热点面对面·2021 / 中共中央宣传部
理论局编 . -- 北京：学习出版社：人民出版社，2021.6
　　ISBN 978-7-5147-1053-3

　Ⅰ.①新… Ⅱ.①中… Ⅲ.①中国共产党十九届五中
全会（2020）-文件-学习参考资料　Ⅳ.① D229

　　中国版本图书馆 CIP 数据核字（2021）第 100954 号

新征程面对面——理论热点面对面·2021
XINZHENGCHENG MIANDUIMIAN——LILUN REDIAN MIANDUIMIAN·2021
中共中央宣传部理论局

责任编辑：边　极　任　民
技术编辑：刘　硕　朱宝娟
装帧设计：北京美威国际广告有限公司
封面设计：杨　洪　朱梦君

出版发行：学习出版社　人民出版社
　　　　　北京市崇外大街 11 号新成文化大厦 B 座 11 层（100062）
　　　　　010-66063020　010-66061634　010-66061646
网　　址：http://www.xuexiph.cn
经　　销：新华书店
印　　刷：北京瑞禾彩色印刷有限公司
封面印刷：北京盛通印刷股份有限公司

开　　本：710 毫米 × 1000 毫米　1/16
印　　张：14.25
字　　数：136 千字
版次印次：2021 年 6 月第 1 版　2021 年 6 月第 1 次印刷

书　　号：ISBN 978-7-5147-1053-3
定　　价：25.00 元

　　出版物版权追溯码位于本书封底，请扫码验证真伪，举报盗版行为一经核实予以
奖励。如有印装错误，请与本社联系调换，电话：010-67081356　010-67087598。

出 版 说 明

　　为进一步把学习宣传贯彻党的十九届五中全会精神引向深入，帮助人们全面准确理解"十四五"规划和2035年远景目标的建议，切实把思想和行动统一到党中央决策部署上来，凝聚开启全面建设社会主义现代化国家新征程、向第二个百年奋斗目标进军的强大力量，我们在深入调研的基础上，梳理出14个干部群众关心的重大问题，组织中央有关部门和专家学者撰写了2021年通俗理论读物《新征程面对面》。本书以习近平新时代中国特色社会主义思想为指导，紧密联系我国进入新发展阶段实际，紧密联系干部群众思想实际，进行了深入浅出、通俗易懂的解读阐释，力求做到观点权威准确，语言通俗易懂，文风清新简洁，形式活泼多样，可作为干部群众、青年学生进行理论学习和开展形势政策教育的重要辅导读物。

中共中央宣传部理论局

2021 年 6 月

目　录

1 复兴伟业谱新篇

——怎么看新发展阶段?

　　历史的大潮汹涌澎湃,时代的洪流滚滚向前。一个国家、一个民族要挺立潮头、激流勇进,就必须主动谋划、把握未来。回望新中国非凡奋斗史,中国共产党在不同的发展阶段因时而变、随事而制,制定一个又一个发展规划(计划),指引亿万人民勠力同心、不断向前。在实现中华民族伟大复兴的壮阔征程中,正是一茬接着一茬计、一代接着一代干,党和国家事业才不断从胜利走向新的胜利。

2020 年金秋十月，党的十九届五中全会在北京召开，审议通过《中共中央关于制定国民经济和社会发展第十四个五年规划和二〇三五年远景目标的建议》（以下简称《建议》）。全会提出，全面建成小康社会、实现第一个百年奋斗目标之后，我们要乘势而上开启全面建设社会主义现代化国家新征程、向第二个百年奋斗目标进军，这标志着我国进入了一个新发展阶段。这一重大判断，明确了我国发展的历史方位，为当前和今后一个时期我国社会主义现代化建设标注了战略基点。

一 科学判断从何而来

五年规划（计划），通俗地说，就是以 5 年为时间单位对国家重大事项作出安排，指明未来经济社会发展的目标和方

向。这种国家治理的方式，最早是20世纪20年代末由苏联提出并实施的，对其迅速由农业国转变成工业国起到了很大的促进作用。这是历史上通过编制计划推动发展的开端，也是大规模开展社会主义现代化建设的开端。后来，这种方式被社会主义国家普遍采用，成为规划和调节经济社会发展的重要手段。

我国的第一个五年计划，简称"一五"计划，1953年开始执行，1957年完成。在此期间，我国先后开工建设了1万多个工业项目，实施了一系列重点项目，迅速完成社会主义改造，初步建立起工业体系和国民经济体系。此后，伴随着社会主义建设和改革事业的发展，我国相继实施了9个五年计划。从2006年开始，为适应社会主义市场经济和对外开放

① 1953年鞍钢大型轧钢厂在生产钢材
② 1955年宝成（宝鸡至成都）铁路在建设中
③ 1956年第一辆国产解放牌汽车在长春第一汽车制造厂下线
④ 1956年克拉玛依乌尔禾油区在安装井架
⑤ 1957年武汉长江大桥建成通车

全国植被生态质量达 20 年来最高

2021 年 4 月，中国气象局发布的《2020 年全国生态气象公报》显示：2000 年以来，全国 92.6% 的区域植被生态质量持续改善；全国林区 90.7% 的区域植被固碳释氧量呈上升趋势。2020 年全国草原区和林区生态质量、全国林区固碳释氧水平达 2000 年以来最高。图为三江源国家公园。

的深入发展，我们把"五年计划"改为"五年规划"，使其更加注重宏观管理和调控。此后的 3 个五年规划，为我国一步步全面建成小康社会提供了路径指引。回头看看走过的路，经过 13 个五年规划（计划）的持续奋斗，我国已经为实现新的奋斗目标奠定了坚实基础，社会主义现代化建设进入新的历史阶段。

"辨方位而正则"。正确认识党和人民事业所处的历史方位和发展阶段，是我们党明确阶段性中心任务、制定路线方针政策的根本依据，也是我们党领导革命、建设、改革不断取得胜利的重要经验。作出我国进入新发展阶段的重大判断，是遵循基本规律、顺应时代潮流、符合发展实际的审慎战略考量，有着深刻的理论依据、历史依据和现实依据。

这一科学判断从理论逻辑中来。马克思恩格斯认为，共产主义分为两个阶段，第一阶段和高级阶段。列宁在此基础上作了新的阐发，把第一阶段称为社会主义。我们党在推进马克思主义中国化的过程中逐步认识到，在中国这样一个经济文化比较落后的国家发展社会主义，是一个长期的历史过程，并且需要经历不同发展阶段。据此，我们党提出了社会主义初级阶段理论，认为我国正处于并将长期处于社会主义初级阶段。现在，我们党提出的新发展阶段，就是社会主义初级阶段中的一个阶段，同时是其中经过几十年积累、站到了新的起点上的一个阶段。

这一科学判断从历史演进中来。实现民族复兴是 100 多年来中华儿女不懈追求的伟大梦想，是近代以来中国历史发展的主题。一部中国共产党的历史，就是为人民谋幸福、为民族谋复兴的历史。我们党团结带领人民顽强斗争、艰辛探索、闯

硬核知识

社会主义初级阶段理论

我国处于并将长期处于社会主义初级阶段，是我们党对当代中国基本国情的科学判断。社会主义初级阶段，是指我国在生产力落后、商品经济不发达条件下建设社会主义必然要经过的特定阶段，即从我国进入社会主义到基本实现社会主义现代化的整个历史阶段。这包括两层含义：第一，我国社会已经是社会主义社会；第二，我国的社会主义社会还处在初级阶段。这一科学判断，使我们对社会主义建设的长期性、紧迫性、复杂性、艰巨性有了更加充分的思想准备。

关夺隘、攻坚克难，实现了从新民主主义革命、社会主义革命，到社会主义建设，再到改革开放新的伟大革命的历史性跨越。特别是党的十八大以来取得的历史性成就和发生的历史性变革，开创了党和国家事业发展新局面。今天，民族复兴迎来了更加光明的前景，新发展阶段是我们党带领人民迎来从站起来、富起来到强起来历史性跨越的新阶段。

这一科学判断从现实条件中来。经过新中国成立以来特别是改革开放以来的长期努力，到"十三五"规划收官时，我国经济实力、科技实力、综合国力跃上新的大台阶，国际地位实现前所未有的提升，党、国家、人民、军队、中华民族的面貌发生了前所未有的变化。目前，我国经济发展势头依然强劲，成为世界经济复苏的"稳定之锚"和"动力之源"。我们已经

硬核知识

我国社会主要矛盾发生变化

1956年党的八大明确提出，我国社会主要矛盾是人民对于建立先进的工业国的要求同落后的农业国的现实之间的矛盾，是人民对于经济文化迅速发展的需要同当前经济文化不能满足人民需要的状况之间的矛盾。在此基础上，改革开放后我们党把我国社会主要矛盾概括为人民日益增长的物质文化需要同落后的社会生产之间的矛盾。2017年党的十九大指出，我国社会主要矛盾已经转化为人民日益增长的美好生活需要和不平衡不充分的发展之间的矛盾。

拥有开启新征程、实现新的更高目标的雄厚物质基础，新发展阶段是一个更高水平、更高层次、更高质量的发展阶段。

由此看出，我国进入新发展阶段，不是凭空臆断的，也不是生编硬造的，而是我国社会矛盾运动、发展进步的必然结果。这一重大政治判断，精辟概括了当代中国发展的阶段性特征，科学指明了我国社会主义现代化建设的时代坐标。

二 新发展阶段内涵是什么

党的十九届五中全会之后，"新发展阶段"成为理论界关注的热点话题。新发展阶段具体是指哪个阶段？新发展阶段和社会主义初级阶段的关系是什么？新发展阶段的意义何在？要对这些问题作出有说服力的回答，首先必须全面、完整、准确地理解新发展阶段的内涵。

2021 年 1 月 11 日，习近平总书记在省部级主要领导干部学习贯彻党的十九届五中全会精神专题研讨班开班式上的重要讲话中，对我国经济社会发展的一系列重大问题进行了深入阐述，讲清楚了进入新发展阶段的科学依据、基本内涵和实践要求，起到了解疑释惑、一锤定音的作用。学习领会习近平总书记重要讲话精神，就要贯通历史、现在和未来，把新发展阶段放到中国社会主义现代化建设整体进程中去理解，放到社会主义发展史中来把握。

新发展阶段是未来 30 年实现全面建设社会主义现代化国家历史宏愿的阶段。新中国成立初期，我们党就明确提出建设社会主义现代化国家的目标和任务。经过 70 多年特别是改革开放 40 多年的不断积累，我们走完了现代化的"前半程"，迈上了一个更高的发展台阶。今后 30 年，将是我们走完"后半程"的关键阶段，也是实现这个宏伟目标的新发展阶段。用 3 个五年规划期，到 2035 年基本实现社会主义现代化；再用 3 个五年规划期，到本世纪中叶把我国建成富强民主文明和谐美丽的社会主义现代化强国。可以说，新发展阶段是实现第二个百年奋斗目标、把民族复兴伟业推向新境界的阶段。

新发展阶段是我国社会主义发展进程中的一个重要阶段。社会主义发展不是一劳永逸、一蹴而就的，而是分阶段、分步骤推进的。1992 年，邓小平同志在南方谈话中说过："巩固和发展社会主义制度，还需要一个很长的历史阶段，需要我们几代人、十几代人，甚至几十代人坚持不懈地努力奋斗，决不能掉以轻

弹幕屏语

- 新发展阶段新起点，新时代坐标新气象。
- 昨天是硕果累累，今天是信心满满，明天是期待多多。
- 承前启后绘蓝图，继往开来谱华章。
- 新发展阶段是国家发展大跃升、人民福祉大提高、复兴伟业大跨步的壮丽征程。
- 新阶段加油干，幸福生活在召唤。

现代化的总装车间

技术娴熟的纺织工人

热闹的农村大集

心。"我国是在经济基础薄弱的条件下建设社会主义的，需要较长时间的努力才能获得与资本主义相比拟的生产力发展优势。今天，我国拥有世界上最强大的工业制造能力、最大数量的产业工人、最大规模的统一市场，把社会主义制度和市场经济相结合，使社会化大生产的效率得到极大提高。新发展阶段，是中国特色社会主义制度不断发展和完善的阶段，是社会主义在与资本主义长期共存和竞争中赢得更大发展优势的阶段。

新发展阶段是社会主义初级阶段发展到一定程度的阶段。任何事物的发展，都是一个阶段接着一个阶段不断演进的，每一个阶段是有边界的，不承认这一点，就是否认质变或部分质变。社会主义初级阶段也是由不同发展阶段构成的，不是一个静态、一成不变、停滞不前的阶段，也不是一个自发、被动、不用费多大气力自然而然就可以跨过的阶段，而是一个动态、积极有为、始终洋溢着蓬勃生机活力的过程，是一个阶梯式递进、不断发展进步、日益接近质的飞跃的量的积累和发展变化的过程。新发展阶段，是社会主义初级阶段中一个更高层次的发展阶段，也是我国社会主义从初级阶段向更高阶段迈进的历史阶段。

明确我国发展的历史方位，对于我们掌握主动、谋划未来至关重要。想问题、作决策、办事情，既要立足我国仍处于社会主义初级阶段这个最大国情，又要着眼新发展阶段的新要求，为全面建设社会主义现代化国家开好局、起好步。

三 新发展阶段新在何处

"新发展阶段，奥利给""新阶段，心向往""新阶段不错子""太可了，新发展阶段""新发展阶段，冲鸭"……人们纷纷为已经到来的新发展阶段点赞，对美好未来寄予无限憧憬和期盼。

进入新发展阶段，是中华民族伟大复兴历史进程的大跨越，在我国发展进程中具有里程碑意义。新发展阶段之"新"，不仅在于发展之"新"、阶段之"新"，而且在于理念之"新"、格局之"新"，更在于气象之"新"、前景之"新"。对于新发展阶段之"新"，我们要从历史和现实相统一、理论和实践相结合的角度去理解。

"新"就新在实现从全面小康到现代化强国的大跨越。任何国家的现代化进程，都与其经济社会发展水平密切相关，不可能毕其功于一役。从我国现代化进程来看，由摆脱贫穷落后状态起步，经过几十年的努力，全面小康终于在我们这一代人手中实现了，中国人民正朝着全面建成社会主义现代化强国的目标奋进。立足新发展阶段，"四个全面"战略布局的内涵也与时俱进，将"全面建成小康社会"调整为"全面建设社会主义现代化国家"，为中国特色社会主义事业提供新的战略指引。

"新"就新在实现从追赶到引领的大跨越。万丈高楼平地起。新中国发展是从"一穷二白"的烂摊子上起步的，可以说当时就是现代化的"小白"，很长时间内是在奋起直追，缩小同发达国家之间的差距。时至今日，我国在若干领域实现了从"跟跑"到"并跑""领跑"的跃升，5G、超级计算机、量子通信、特高压输电、民用无人机、高铁等技术当之无愧地处于世界领先地位。对我国来说，这个发展阶段利用得好，就能抢占先机；利用得不好，就有可能误入歧途。

天河二号 超级计算机

特高压输电

民用无人机

高铁

"新"就新在实现从高速增长到高质量发展的大跨越。改革开放以来，我国以世界少有的速度迅猛发展，创造了人类历史上"快"的奇迹。1978 年至 2020 年，我国 GDP 由 3679 亿元增长到 101.6 万亿元，年均增长超过 9%，是同期世界经济年均增速的 3 倍多，远高于世界其他主要经济体的增长率。但同时，我国发展的质量和效益还不高，这就要求我们必须把发展质量问题摆在更为突出的位置。因此，高质量发展这个关键词，成为贯穿"十四五"时期经济社会发展的主题。

"新"就新在实现从尽快摆脱贫穷落后状况到扎实推动共同富裕的大跨越。我国是在经济文化比较落后的基础上建设社会主义的，当时可谓"百废待兴"。1949 年，我国钢产量只有 15.8 万吨，不足世界总产量的 0.1%，居民人均可支配收入仅为 49.7 元。要摘掉"穷帽子"，坚持和巩固社会主义，显示出比资本主义更大的优越性，最根本的任务就是加快发展，提高生产力水平，使国家经济实力和综合国力得到迅速提升。经过长期奋斗，我国实现了从积贫积弱到繁荣富强的转变，人民生活水平实现了从温饱不足到殷实富裕的转变，贫穷落后的日子一去不复返了。这是我国经济社会发展的总体状况，但内部仍然有发展不平衡不充分的问题，不同地区发展程度、不同人群收入水平还存在一定差距。随着我国进入新发展阶段，实现共同富裕更加突出地摆在我们面前，成为推动经济社会发展向更高层次跃升的必然要求。

栉风沐雨铸辉煌，百尺竿头再登攀。新发展阶段犹如一座高高耸立的历史航标，回头看是推动社会发展、改变国家面貌的奋斗之路，往前看是谋求人民幸福、实现民族复兴的光明之途。置身于时代大潮奔涌的今天，中国共产党团结带领亿万人民，沿着新时代中国特色社会主义的康庄大道，向着跻身世界前列的现代化强国进发。

特别阅读

扫一扫

1.《中共中央关于制定国民经济和社会发展第十四个五年规划和二〇三五年远景目标的建议》，《人民日报》2020 年 11 月 4 日。

2.习近平：《关于〈中共中央关于制定国民经济和社会发展第十四个五年规划和二〇三五年远景目标的建议〉的说明》，《人民日报》2020 年 11 月 4 日。

凌云纵横绘蓝图 **2**
——新征程如何开启?

　　1921 年 7 月，在共产主义理想的召唤下，十几个有志有识之士从天南海北走到一起，召开会议成立中国共产党。自此，中华民族伟大复兴翻开了崭新的一页，中国现代化之路开启了新的航程。当时间的指针划过 100 个年头，中国共产党迎来百年华诞，中国现代化的第一个百年奋斗目标变为现实。百年初心不改，百年使命不移，中国共产党团结带领人民在斗争中奋起、在曲折中探索、在改革中前进，一路慷慨一路歌，奋力书写中国现代化的恢弘华章。

百年交汇，千年梦圆。在逐梦征程的高光时刻，中华民族从来没有像今天这样日月昭昭、乾坤朗朗，中国人民从来没有像今天这样自信满满、其乐融融。站在实现社会主义现代化新的起跑线上，党的十九届五中全会《建议》着眼新时代中国特色社会主义的长远发展，擘画了未来 5 年乃至 15 年中国发展的新图景，开启了全面建设社会主义现代化国家新征程。

一 中国式现代化

实现现代化，作为人类文明发展与进步的显著标志，是世界近代以来各国孜孜以求的共同目标。二三百年前，西方兴起工业革命借科技之力推动社会生产、发动启蒙运动用理性之光促进思想解放，而当时，中国农耕社会自给自足内卷化仍在不断加深，与人类第一次现代化进程失之交臂。鸦片战争之后，旧中国被迫卷入现代世界体系，中国人民开始了苦苦寻求现代化之路，

第一次工业革命时期的蒸汽机汽车

启蒙运动时期的沙龙聚会活动

15

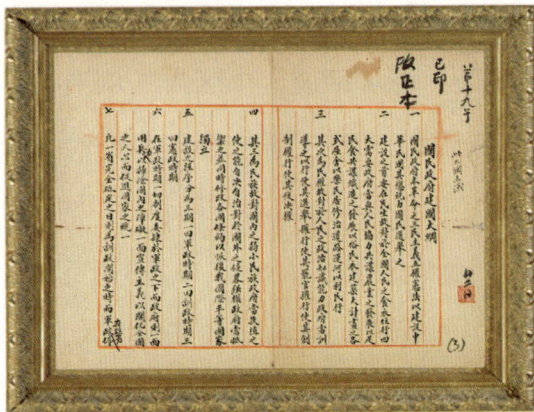

《国民政府建国大纲》影印件

但在内忧外患的社会条件下，中国现代化没有也不可能取得成功。1924年，孙中山先生手书的《国民政府建国大纲》，其25条是多么雄心壮志、前景光明，被称为近代中国谋求现代化的第一份蓝图，但终究随着先生逝去而未能如愿。

"问苍茫大地，谁主沉浮？"直到中国共产党担当起民族复兴大任，直到新中国巍然屹立在世界东方，中国的现代化道路才走上了光明坦途。从1954年"四个现代化"任务到1964年"两步走"设想，从1987年"三步走"战略部署到1997年新"三步走"战略部署，从新世纪强调"两个一百年"奋斗目标到新时代部署新"两步走"战略安排，中国共产党一张蓝图绘到底，一以贯之推进我国社会主义现代化建设。

回顾中国迈向现代化的历史进程，我们党团结带领人民坚持把马克思主义基本原理同中国具体实际相结合，创造性地走出了一条中国式现代化之路，用几十年的时间完成了西方发达国家几百年走过的工业化历程。这条路之所以走得通、走得对、走得稳，就是因为它既遵循现代化的普遍规律，又立足国情进行独立自主的探索，具有鲜明的中国特色。

中国式现代化是人口规模巨大的现代化。第七次全国人口普查数据显示，全国人口超过 14.1 亿，约占全球总人口的 18%。在人类过去几百年的进程中，西方国家一直占据着发展优势地位，引领着现代化的风潮和方向。迄今为止，世界上实现现代化的国家和地区不超过 30 个、总人口不超过 10 亿。我们这个

硬核知识

实现"四个现代化"的战略任务

1954 年第一届全国人民代表大会第一次会议明确提出，中国要实现工业、农业、交通运输业和国防现代化。1956 年党的八大通过的党章，把"四个现代化"写进总纲。1964 年第三届全国人民代表大会第一次会议提出，要在不太长的历史时期内，把我国建设成为一个具有现代农业、现代工业、现代国防和现代科学技术的社会主义强国，赶上和超过世界先进水平。

改革开放前提出的"两步走"设想

1964 年第三届全国人民代表大会第一次会议对中国实现现代化提出"两步走"的设想：第一步，建立一个独立的比较完整的工业体系和国民经济体系；第二步，全面实现农业、工业、国防和科学技术的现代化。1975 年第四届全国人民代表大会第一次会议又对"两步走"设想进行细化：第一步，在 1980 年以前，建成一个独立的比较完整的工业体系和国民经济体系，使中国工业大体接近世界先进水平；第二步，力争在 20 世纪末，使我国国民经济走在世界前列，全面实现农业、工业、国防和科学技术的现代化。

硬核
知识

党的十三大提出的"三步走"战略部署

1987年党的十三大从国际国内发展现状出发，提出中国实现现代化目标的"三步走"战略部署：第一步，1981年到1990年实现国民生产总值比1980年翻一番，解决人民的温饱问题，这在20世纪80年代末已基本实现；第二步，1991年到20世纪末国民生产总值再增长一倍，人民生活达到小康水平；第三步，到21世纪中叶人均国民生产总值达到中等发达国家水平，人民生活比较富裕，基本实现现代化。

党的十五大提出的新"三步走"战略部署

1997年党的十五大提出新"三步走"战略部署：展望21世纪，我们的目标是，第一个10年实现国民生产总值比2000年翻一番，使人民的小康生活更加宽裕，形成比较完善的社会主义市场经济体制；再经过10年的努力，到建党100年时，使国民经济更加发展，各项制度更加完善；到21世纪中叶中华人民共和国成立100年时，基本实现现代化，建成富强民主文明的社会主义国家。

党的十九大提出的新"两步走"战略安排

2017年党的十九大明确了全面建设社会主义现代化国家的新"两步走"战略安排：第一步，2020年到2035年，在全面建成小康社会的基础上，基本实现社会主义现代化；第二步，2035年到21世纪中叶，在基本实现现代化的基础上，把我国建成富强民主文明和谐美丽的社会主义现代化强国。

世界上人口最多的国家实现了现代化，意味着比现在所有发达国家和地区人口总和还要多的中国人民将进入现代化序列，这在人类历史上是一件有深远意义的大事。在世界现代化的新版图上，中国形成了最大的中等收入群体、劳动力市场和消费潜能，成为人类现代化进程中最重要的增长极和最强劲的动力源。

中国式现代化是全体人民共同富裕的现代化。与西方现代化有本质区别，我国现代化是在社会主义条件下进行的，天然蕴含着共富共享的价值追求。按照马克思恩格斯的设想，到共产主义社会"生产将以所有的人富裕为目的"，真正实现社会共享、实现每个人自由而全面的发展。作为共产主义第一阶段的社会主义，必须以全体人民共同富裕为旨归，自觉主动解决地区差距、城乡差距、收入分配差距，促进社会公平正义，坚决防止两极分化。如果发展的结果让富者愈富、贫者愈贫，导致"马太效应"，就严重偏离了社会主

硬核知识

马太效应

马太效应，源自圣经《新约·马太福音》："凡有的，还要加给他叫他有余；没有的，连他所有的也要夺过来。"美国学者罗伯特·莫顿对马太效应进行了归纳和概括，他认为，任何个体、群体或地区，在某一个方面（如金钱、名誉、地位等）获得成功和进步，就会产生一种积累优势，就会有更多的机会取得更大的成功和进步。此后，这一概念为经济学界所采用，反映富者愈富、贫者愈贫的赢者通吃现象。

- 走过万水千山，我们豪气干云；继续跋山涉水，我们自信满怀。
- 现代化不是西方化，发展道路千万条，管用适合第一条。
- 迈向新征程，实现新目标，跃上新台阶，保持新状态。
- 强国之路擘画新蓝图，勇立涛头争做弄潮儿。
- 新的起点，新的使命，我们与时代同步、与国家同行，开创更加美好的未来。

义的方向，也违背了我们党团结带领人民搞现代化的初衷。

中国式现代化是物质文明和精神文明相协调的现代化。唯物史观告诉我们，经济基础决定上层建筑，上层建筑对经济基础具有反作用，社会发展是以物质文明和精神文明共同进步为前提的。在现代化进程中，"两个文明"犹如车之两轮、鸟之两翼，只有二者相辅相成、协同发力，才能推动社会整体跃升、行稳致远。改革开放以来，我们党始终强调"两手抓、两手都要硬"，在推动经济快速发展的同时，大力加强社会主义精神文明建设，促进社会主义先进文化繁荣发展，使社会文明程度显著提高、人民精神力量不断增强。喜看今日之中国，不仅巍峨的高楼大厦在神州大地遍地林立，强大的精神伟力也在亿万人民心中激荡勃发。

中国式现代化是人与自然和谐共生的现代化。考察西方发达国家的现代化进程，基本上走的是一条先污染后治理的发展之路，在创造了极为丰裕的物质财富的同时，也带来了难以想象的环境创伤。20世纪30年代至60年代发生的"世界八大公害事件"，以极其惨烈的代价给人类敲响了警钟。中国的现代化绝不走西方工业化的老路，而是把发展和保护、利用和修复有机统一起来，走生产发展、生活富裕、生态良好的文明发展道路，建设人与自然和谐共生的现代化。可以预见，到我们建成社会主义现代化强国时，美丽中国将以更高的颜值展现在世人面前。

中国式现代化是走和平发展道路的现代化。从世界近代史来看，"国强必霸"似乎是现代化难以摆脱的一个魔咒，大国

硬核知识

世界八大公害事件

世界八大公害事件，是20世纪30年代至60年代，因现代化学、冶炼、汽车等工业的兴起和发展，环境污染和破坏严重加剧，发生的8起震惊世界的公害事件：比利时马斯河谷烟雾事件、美国多诺拉镇烟雾事件、英国伦敦烟雾事件、美国洛杉矶光化学烟雾事件、日本水俣病事件、日本富山骨痛病事件、日本四日市哮喘病事件、日本米糠油事件。图为英国伦敦烟雾事件中全副武装的警察在执勤。

的崛起往往都伴随着对他国的侵略和掠夺。但时代不同了，国际政治经济秩序发生了深刻变化，和平与发展成为当今世界不可阻挡的潮流，谁再走弱肉强食、殖民扩张的老路，不仅在道义上会引起公愤，而且在现实中也会碰得头破血流。"计利当计天下利。"在人类命运共同体理念的指引下，中国始终高举和平、发展、合作、共赢的旗帜，不断以现代化的成就造福自己也惠及世界。

世界上既不存在定于一尊的现代化模式，也不存在放之四海而皆准的现代化标准。中国式现代化的成功实践昭示世人，通向现代化的道路不止一条，只要找准正确方向，驰而不息，条条大路通罗马。

二 新的历史起点

2020 年，注定在人类历史上烙下深深的印记。突如其来的新冠肺炎疫情疯狂肆虐，吞噬了数百万人的生命，搅乱了世界经济运行的秩序，全球进入第二次世界大战以来的至暗时刻。面对疫情的严重冲击，中国在与国际社会携手合作的同时，统筹国内疫情防控和经济社会发展，率先控制住疫情，率先恢复生产生活秩序，GDP 增长 2.3%，成为全球唯一实现经济正增长的主要经济体。这样的成绩实属不易，意义非凡，是与决胜全面建成小康社会的决定性成就分不开的，是与过去 5 年经济社会发展的良好态势分不开的，为"十三五"规划胜利收官画上了圆满的句号。

"十三五"时期是全面建成小康社会决胜阶段，在党和国家发展进程中极不平凡。这 5 年令人振奋，大事

直播实录

我国实行全民免费接种新冠肺炎疫苗

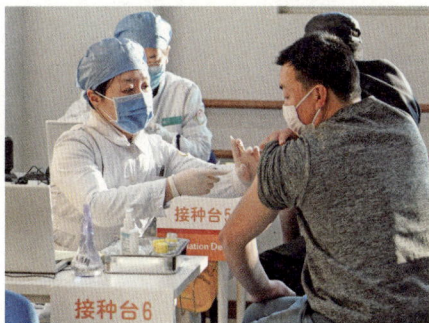

我国实行全民免费接种新冠肺炎疫苗。截至 2021 年 6 月初，我国累计接种疫苗超 7 亿剂次。图为北京市民接种新冠肺炎疫苗。

精彩快闪

港珠澳大桥

北京大兴国际机场

喜事接连不断，我们胜利召开党的十九大、庆祝改革开放40周年、欢庆新中国成立70周年，极大地鼓舞了党心民心；这5年让人揪心，急事难事接踵而至，我们经历中美经贸摩擦、遭受来势汹汹的新冠肺炎疫情、遇到多年罕见的洪涝灾害，面临前所未有的困难和挑战。60个月、1800多天，历史的车轮在中国大地上碾出了一道道非比寻常的痕迹。

艰难方显勇毅，磨砺始得玉成。面对错综复杂的国际形势、艰巨繁重的国内改革发展稳定任务特别是新冠肺炎疫情严重冲击，以习近平同志为核心的党中央不忘初心、牢记使命，团结带领全党全国各族人民砥砺前行、开拓创新，奋力攻克难关难题，坚决顶住逆风逆水，"中国号"巨轮继续乘风破浪、坚毅前行，中华民族伟大复兴向前迈出了新的一大步，社会主义中国以更加雄伟的身姿屹立于世界东方。

五年来综合国力稳步提升。经过5年的努力，我国人均

GDP 突破 1 万美元，经济总量超过 100 万亿元，年均增长高达 5.8%，继续担当全球经济增长的"火车头"。科技创新、工程建设和发展战略取得一大批标志性成果，载人航天、探月工程、大飞机制造、航空母舰等领域成果丰硕，港珠澳大桥、北京大兴国际机场惊艳世界，京津冀协同发展、长江经济带发展、"一带一路"建设等国家战略捷报频传。"直播带货""数字经济""新基建""新平台"等蓬勃发展，成为经济增长的新亮点和新动力。随着经济实力、科技实力、综合国力的不断提升，我国的国际影响力和话语权大大增强。

直播实录

贵州黔西化屋村苗族同胞易地扶贫搬迁走上致富路

贵州省黔西县化屋村是一个拥有百年历史的苗族村寨，由于交通不便，加上石漠化严重，贫困发生率曾高达 66.3%。党的十八大以来，在易地扶贫搬迁等惠民工程支持下，该村发生了翻天覆地的变化，告别贫困迎来小康。苗族同胞住上新居，创办民族刺绣扶贫车间，让搬迁群众搬得出、稳得住、能致富。图为化屋村易地扶贫搬迁集中安置点和扶贫车间生产的工艺品。

精彩快闪

偏远农村行路难、吃水难、用电难、如厕难得到较好解决

　　五年来脱贫攻坚决战决胜。5 年间，现行标准下 5575 万农村贫困人口全部脱贫、832 个贫困县全部摘帽，年均脱贫人数超过 1000 万。贫困人口吃、穿"两不愁"质量水平明显提升，义务教育、基本医疗、住房安全"三保障"突出问题总体解决，行路难、吃水难、用电难、如厕难等长期困扰农村群众的问题得到了较好解决。按照世界银行发布的贫困线标准，我国已完全消除绝对贫困，提前 10 年实现联合国 2030 年可持续发展议程减贫目标。

　　五年来人民生活显著改善。从 2016 年至 2020 年，全国居民人均可支配收入从 23821 元增加到 32189 元，年均实际增长 5.6%。各项民生事业取得实质性进展，城镇新增就业超过 6000 万人，基本医疗保险覆盖超过 13 亿人，基本养老保险覆盖近 10 亿人，人民群众的获得感幸福感安全感与日俱增。今天，中国人民的生活不断升级迭代，更加注重品质和体验，越来越多的人把"知识付费""异地打卡""健身美食"作为一种生活风尚。

五年来制度优势充分彰显。过去 5 年，全面深化改革取得重大突破，若干领域实现了历史性变革、系统性重塑、整体性重构，我国国家制度和治理体系得到进一步完善。在推动经济社会发展过程中，党的领导和中国特色社会主义制度越来越得到亿万人民的认同和拥护，越来越得到国际社会的认可和赞许。特别是在抗击新冠肺炎疫情中，我国国家制度优势和治理

精彩快闪

热门景点成为很多人"异地打卡"的胜地

重庆轻轨穿楼

西安大唐不夜城

2021 年全国两会

效能得到充分彰显，短短 10 多天建成了火神山医院、雷神山医院和 16 座方舱医院，1 个多月初步遏制疫情蔓延势头，2 个月左右将本土每日新增病例控制在个位数以内，3 个月左右取得武汉保卫战、湖北保卫战的决定性成果。

岁月见证决胜的脚步，成就开启崭新的征程。"十三五"时期党团结带领人民砥砺奋进，打赢了关乎亿万人民幸福生活的脱贫攻坚战，实现了延续千年的小康夙愿，使中华民族伟大复兴站在了新的起跑线上。5 年光阴荏苒，在时空的隧道中白驹过隙、转瞬即逝，但在党和国家历史发展中写下了浓墨重彩的一笔，在中华大地上绘就了一幅波澜壮阔的恢弘画卷。

三 新的目标任务

中国发展奇迹的"密道"在哪儿，一直是国外许多人热衷探究的话题，被称为当今世界最置顶的"斯芬克斯之谜"。尽管众说纷纭，但有一点很多人是认同的，就是中国能够制定中长期和远景目标，并且可以锚定目标一以贯之推进，从而一步步把既定目标变为现实。相较于一些西方国家政党轮流坐庄"只管任期内的事""前后届翻烧饼"的短期主义，中国可以进行 5 年、15 年乃至百年的长期谋划，能够保持发展的战略性、连续性和稳定性。

"十四五"时期是我国在全面建成小康社会、实现第一个百年奋斗目标之后，乘势而上开启全面建设社会主义现代化国家新征程、向第二个百年奋斗目标进军的第一个 5 年。党的十九届五中全会《建议》就是一份面向未来、高瞻远瞩、谋划长远的宣言书。它着眼"两个一百年"奋斗目标有机衔接、接续推进，专门用 4 个条目、约 2400 字的篇幅，对未来 5 年和15 年的发展图景进行了描绘，明确了 2035 年基本实现社会主义现代化的远景目标，明确了"十四五"时期经济社会发展的指导思想、基本原则和主要目标，为今后一个时期我国社会主义现代化建设制定了路线图。

它明确了 2035 年远景目标。《建议》的一个突出贡献和

精**彩**
快闪

各地以丰富多彩的形式学习宣传党的十九届五中全会精神

亮点，就是以 15 年为时间段，前瞻性地绘就了 2035 年基本实现社会主义现代化的锦绣宏图。文件中提出的 9 个方面内涵丰富，涵盖了中国特色社会主义事业的各领域，既立足当前又着眼长远，既符合实际又深谋远虑，催人奋进、令人期待。这次全会把五年规划和远景目标一体谋划、一体设计，体现了以习近平同志为核心的党中央高瞻远瞩的政治担当和战略眼光。

它明确了"十四五"时期指导方针。思路决定出路，用什么样的思路谋划发展，对推进党和国家事业极为关键。《建议》提纲挈领地点明了"十四五"时期经济社会发展指导思想，全面体现了新时代以来我国发展的理念方略和成功经验，集中反映了我们党治国理政的新战略新思路新要求。同时，《建议》还提出了我国发展必须遵循的 5 条原则，特别是创造性地强调了坚持系统观念，是对我国发展方法论的丰富和升华。总起来看，指导思想和方针原则有机统一、相互贯通，为今后 5 年我国经济社会发展提供了总遵循。

它明确了"十四五"时期主要目标。《建议》锚定 2035 年远景目标，综合考虑国内外发展趋势和我国发展条件，坚持目标导向和问题导向相结合、守正和创新相统一，提出了"六个新"的主要目标，为"十四五"时期经济社会发展指明了前进方向。这个目标抓住了经济社会发展的关键处和要害点，从经济发展、改革开放、社会文明

云端答疑

什么是"六个新"？

答：经济发展取得新成效，改革开放迈出新步伐，社会文明程度得到新提高，生态文明建设实现新进步，民生福祉达到新水平，国家治理效能得到新提升。

程度、生态文明建设、民生福祉、国家治理效能的维度加以标定，进而引领和带动党和国家各项事业的整体跃升。

它明确了"十四五"时期重点任务。《建议》把明方向和指路子相结合，既清晰确定了思路，又全面部署了任务。文件总体上按照新发展理念来谋划，分领域阐述了 12 项重点任务，对科技创新、产业发展、国内市场、深化改革、乡村振兴等方

面作出了安排，指出了下一步工作的突破口和着力点。这些重大举措，紧扣党和国家事业发展的重点要点、经济社会运行的难点堵点、人民群众生活的痛点焦点，列出了一份含金量足、干货满满的任务清单。

复兴伟业谋新篇，奋发图强开新局。我们的征途是星辰大海，我们的未来是光明前景，胜利属于不断奔跑的追梦人和奋斗者。在新征程上，党团结带领亿万人民驾驭着全面建设社会主义现代化国家的巍巍巨轮，朝着实现中华民族伟大复兴的彼岸破浪前行。

特别阅读

扫一扫

1.《中华人民共和国国民经济和社会发展第十四个五年规划和2035年远景目标纲要》，人民出版社2021年版。

2.习近平：《把握新发展阶段，贯彻新发展理念，构建新发展格局》，《求是》2021年第9期。

3 天高海阔观澎湃
——为什么我国发展仍然处于重要战略机遇期？

在中国历史上，公元713年至741年这20多年被称为"开元盛世"，是唐朝最鼎盛的时期。这段时间，中国经济空前繁荣，人口规模大幅增长，百姓生活富裕殷实，呈现出"稻米流脂粟米白，公私仓廪俱丰实"的景象。但当时的统治者没有把握和抓住机遇，不仅没有维护和延续好良好发展势头，还引发了"安史之乱"，使大唐江河日下、由盛转衰，最终导致五代十国的分裂割据局面。历史的教训令人唏嘘不已，带给我们的警示十分深刻。今天，中华民族正处于历史上最好发展时期，抓住、维护和延长好重要战略机遇期加快发展，对未来中国完成"惊险的一跃"是何等重要！

硬核知识 📚

安史之乱

安史之乱，是发生在唐玄宗末年至代宗初年（公元 755 年至 763 年）的一场反对朝廷的叛乱。这场叛乱由唐朝节度使安禄山与史思明发起，因此该事件被冠以"安史"之名，因其爆发于天宝年间，也称"天宝之乱"。这场浩劫历时 7 年多，导致大唐经济凋敝、哀鸿遍野，累计伤亡将士 30 余万人、户籍人口减少 2/3。安史之乱虽然最终得以平定，但对唐代政治、经济和社会造成了严重影响。安史之乱是中国古代历史上的一次重要事件，是唐代由盛而衰的转折点。

察势者智，驭势者赢。当今世界正处于百年未有之大变局，中华民族伟大复兴进入关键时期，我国发展面临前所未有的机遇和挑战。在历史与未来接续交汇、中国与世界密切交织的时空背景下，只有放长眼量、拓宽视野，积极主动地因势而谋、应势而动、顺势而为，才能准确把握时与势的总体趋势和发展变化，在危机中育先机，于变局中开新局。

一 重要战略机遇期仍存在

当今中国，改革发展成就举世瞩目，然而外面的世界不太平，家里的事情不容易，面临的情况异常深刻复杂。在这

北京
上海　广州
深圳

样的大背景下，一些人提出疑问：我国发展重要战略机遇期是否仍在？发展优势是否还明显？对此，我们应该怎么看？

要回答好这些问题，首先必须弄清楚机遇和重要战略机遇期的内涵。何谓机遇？就是有利于事物发展的条件、因素和环境。它具有客观性和必然性，在什么时候、什么地方出现，不是主观意志能左右得了的。重要战略机遇期，就是存在战略性、全局性机遇并发挥作用的时间段，对事物的发展

弹幕屏语

➡️ 过去 20 年机遇创造中国奇迹，未来 30 年跃升实现复兴梦想。

➡️ 这是最坏的时代，经常有人在作怪；这是最好的时代，世界携手充满爱。

➡️ 全球变太快，我以不变应万变，方能在变中寻机、变中取胜。

➡️ 机不可失，时不再来，只有时不我待只争朝夕，才能把难得机遇变成美好现实。

➡️ 机遇眷顾每一个有准备的人，"光想青年"盼不来"花路"，"佛系人生"等不来"锦鲤"，"吃瓜群众"看不到"高光"。

起到关键性作用。举例而言，20 世纪 80 年代，世界迎来经济全球化的浪潮，中国正是抓住了这一重要机遇，实行改革开放的战略决策，让国内经济融入国际产业和贸易分工体系，使国家以前所未有的速度发展起来，从而创造了人类发展史上的"中国奇迹"。对一个大国的发展来说，能不能抓住用好和维护延长重要战略机遇期，关乎国家的繁荣昌盛、关乎事业的长远发展。

2002 年，党的十六大首次提出了重要战略机遇期，明确指出："二十一世纪头二十年，对我国来说，是一个必须紧紧抓住并且可以大有作为的重要战略机遇期。"近 20 年来，我们抢抓机遇、主动作为，深化改革、扩大开放、推动发展，不断开创党和国家事业发展新局面。现在已进入本世纪第三个 10 年，我国发展处于新的历史时期，面临的条件、因素和环境也出现了新的变化。那么，究竟我国是否仍处于重要战略机遇期？立足国内国际两个大局，我们有充足的理由作出判断：时与势总体于我有利，我国发展仍然处于重要战略机遇期。

中国外部环境仍然有利。当今世界，虽然存在局部冲突、恐怖主义等不和谐因素，但和平与发展仍然是时代的主题，政治对话、经贸谈判、文化包容成为处理国与国之间分歧和争端的主要方式，政治多极化、经济全球化、文化多样化、社会信息化的趋势不可逆转，人类命运共同体理念日益深入人心。尤其在核威慑条件下，大国之间直接爆发战争的可能性大大降低。在这样的大环境下，我国发展被外部因素阻断的几率明显减少，可以集中精力干好自己的事情，赢得一个较长的发展窗口期和黄金期。

中国发展潜力仍然巨大。经过新中国成立 70 多年特别是改革开放 40 多年的努力，我国已稳居世界第二大经济体，成为全球第一的制造业大国，拥有超级的经济体量、雄厚的工业基础和巨大的国内市场。同时，我国仍处于并将长期处于社会主义初级阶段，依然是世界上最大的发展中国家，解决发展不平衡不充分问题、提升人民生活品质所产生的需求是持久的、全面的。目前，我国有超过 4 亿人的中等收入群体，比美国总人口还要多，超过欧洲总人口的一半，而最终消费支出对

中等收入群体

关于中等收入群体界定，目前国际上没有统一的标准。部分国际组织和国家对中等收入群体开展了一些研究，采用收入或消费的相对标准或绝对标准进行衡量，并测算部分国家的中等收入群体规模。经国内权威机构研究表明，中等收入家庭是指一定时期内收入稳定、家庭殷实、生活舒适、消费水平和生活方式与经济社会发展水平相适应的群体。根据全国住户调查测算，2019年我国中等收入家庭人口达到4亿多，是全世界规模最大的中等收入群体。图为浙江省杭州市西湖风景区游人如织。

GDP 增长的贡献率不到 60%，发达国家则达到 70% 以上，我国刺激消费和扩大内需的空间还比较大。

中国增长动力仍然强劲。经济学原理告诉我们，要素投入和改革创新是经济发展最重要的两个驱动力，靠要素投入驱动空间有限，边际效应会越来越弱，靠改革创新驱动能量巨大，内生动力会越来越强。目前，我国总储蓄率约为 45%，仍然处于高位，可挖掘的消费潜力依然很大。近年来，我国全面深化改革多点突破，科技创新亮点频出，为加快新旧动能转换、推进经济结构转型升级提供了良好条件。党的十八届三中全会以来，我国累计推出 500 多个重要改革文件，若干领域实现历史性变革、系统性重塑、整体性重构，使经济发展的动力活力得到充分激发和释放。

最重要的是，我们有强大的制度优势。坚持党的领导和社会主义制度，能够最大限度地整合资源、凝聚民心，集中力量办大事，具有无可比拟的显著优势。在推动发展上，能够把社会主义制度和市场经济很好结合起来，使政府和市场"两只手"的作用都得到有效发挥；在应对挑战上，能够把全国人民的力量都团结起来，齐心协力、共克时艰，形成战胜一切风险困难的强大合力。

正是基于这些事实，党的十九届五中全会对当前和今后一个时期我国发展阶段作出科学判断。这是我们谋划经济社会发展的基本立足点和出发点，党和国家各项事业都必须依此来展开，不能偏离这个重大判断。

二 理性看待新机遇新挑战

唯物辩证法有一条基本原理，讲的是量变质变规律，即事物量变积累到一定程度会引起质变，在此基础上又会开始新的量变。如何透过纷繁复杂的表象来定位我国发展环境？把这个规律作为望远镜，我们可以清晰地看到：我国发展仍处于重

硬核
知识

量变质变规律

量变质变规律,亦称质量互变规律,是马克思主义辩证法的重要规律之一。它的主要内容是,量变和质变是事物发展变化的两种基本形式,量变是质变的必要准备,质变为新的量变开辟道路。量变是事物及其特性在数量上的增减,质变是事物根本性质的变化,量变超过一定限度必然引起质变,使旧质变为新质,然后在新质基础上又开始新的量变,如此往复不已,推动事物不断发展变化。

要战略机遇期是"质"的定性,机遇和挑战都有新的变化是"量"的发展。因此,我们既要做到"乱云飞渡仍从容",保持坚如磐石的战略定力,又要做到"草摇叶响知鹿过",保持见微知著的预判能力。

当今世界正处于大发展大变革大调整时期,当代中国正发生广泛而深刻的社会变革,我们面临的机遇更具战略性、可塑性,碰到的挑战更具复杂性、全局性。今天,我们既有走近世界舞台中央的"自信",又有站在聚光灯下的"压力";既有快速发展起来的"喜悦",又有成长过程中的"烦恼"……我们前所未有地置身于机遇与挑战交织、光明与黑暗同在、有利与不利并存的矛盾之中。

向外看,这个世界充满希望。现在,人类文明发展到历史上的最高水平,每天都在发生着日新月异的变化,发展进步带来的各种积极因素不断增加。国际力量对比正在发生近代以来最具革命性的变化，以中国为代表的新兴市场国家和发展中国家迅速崛起，占世界经济总量已接近40%，对世界经济增长的贡献率已达到80%。特别是信息技术以指数级的速度迭代升级，推动着新一轮科技革命和产业变革深入发展，极大改变了人们的生产生活方式，也加速重构了全球政治经济秩序和格局。

同时，这个世界也挑战不断。世界进入动荡变革期，国际环境日趋复杂，我们生活的地球并非风平浪静，时常暗流涌动。疫情影响广泛深远、单边主义一意孤行、贸易保护沉渣泛起、强权政治大行其道、恐怖袭击防不胜防、难民危机此起彼伏……各种不稳定性不确定性因素刺痛着人们的神经，对世界和平与发展构成威胁，成为人类文明进步的时代之殇。

向内看，我国发展优势明显。中国经济已经是一片汪洋大海，尽管遇到了狂风巨浪，但大海是掀不翻的，在风浪之中更能显示它的力量和壮阔。当前，我国社会大局稳定，经济长期向好的基本面和内在向上的趋势没有变，有条件而且完全有能力克服困难，再上新台阶。尤其是我国已进入高质量发展阶段，近年来持续优化经济结构的效益已初步显现，经济的"颜值"越来越高、"气质"越来越佳、"活力"越来越足。2020年，我国数字经济规模达到39.2万亿元，占国内经济总量接近四成。

同时，我国发展也问题突出。国际经验表明，一个国家或地区人均GDP达到1万美元左右时，既是发展重要机遇期，也是矛盾集中爆发期。我国发展的问题归结起来就是不平衡不充分，其中不平衡指的是有的地区和领域发展得好，有的发展得不好，出现了失衡现象，影响了整体水平的提升；不充分指的是改革发展不完全，在一些领域还存在着短板和弱项。这些问题是周期性因素和结构性因素叠加、外部冲击和内部矛盾碰头所产生的结果，解决起来任重道远。

关山万千重，山高人为峰。机遇和挑战从来都是同生并存的，也是在一定条件下可以相互转化的，关键是要用辩证思维加以研判和把握。"十四五"时期是新机遇新挑战不断涌现的时期，我们必须坚持正确的历史观、大局观、发展观，透过纷繁复杂的现象看清事物的本质，做到临危不乱、危中寻机、开拓进取、开辟新局，推动我国发展走向更加光明的未来。

三 牢牢把握发展战略主动

对一个国家、一个民族来说，重要战略机遇期并不常有，有了也不是永远存在的，关键是出现之后要牢牢抓住，并善于维护和延长好。这是一条被人类文明发展反复证明了的基本经验。特别是在新旧机遇转化过程中，做到这一点尤为重要。

历史上的经验值得借鉴和汲取。1640年后，英国抓住了资产阶级革命这个重要战略机遇期，完成了从封建专制国家到现代国家的转型。18世纪60年代，第一次工业革命在资本主义世界发生，英国又一次抓住了这个重要历史机遇，在群雄逐鹿中逐渐胜出，打败了"海上马车夫"荷兰、"高卢雄鸡"法国，成为世界霸主，建立了"日不落帝国"，辉煌了百余年之久，一时无两。美国的崛起也是个典型例子。19世纪中期后，美国在第二次工业革命中抢抓机遇，经济实力大大增强，于1894年经济总量超过英国。第二次世界大战后，美国又在第三次工业革命中谋得先机，坐稳了世界头把交椅，进一步巩固和夯实了头号强国的地位。

河入峡谷，风过隘口，正是紧要之时。一个大国的兴起和强盛，往往会面对生

硬核知识

英国资产阶级革命

英国资产阶级革命，是一场以新贵族阶级为代表推翻封建专制统治建立起英国资本主义制度的社会革命，从1640年查理一世召开新议会开始，到1688年议会反对派发动宫廷政变（又称光荣革命）结束。这场革命推翻了封建统治，颁布了《权利法案》，以法律形式对王权进行明确制约，确立了君主立宪制。图为英国光荣革命。

硬核知识

美国在"电气时代"强势崛起

从19世纪六七十年代开始，以电气的广泛应用为特点的第二次工业革命拉开序幕。美国在这次工业革命中逐渐赢得优势，发明并应用了电话、电灯等，对人类进入"电气时代"作出突出贡献，也奠定了美国在全球的经济地位。图为美国发明家爱迪生研制电灯泡。

死攸关的紧要转折。站在路口只有两种命运，抓住机遇就能保持优势、乘势而上，丧失机遇就会前功尽弃、跌入低谷。我国在历史上曾经和前两次工业革命失之交臂，丧失了太多发展机遇，错过了太多历史路口，对蒸汽机轰鸣声充耳不闻，对电气之光视而不见，被时代远远地甩在了后面，陷入落后挨打的悲惨境地，付出了沉重代价。

前事不忘，后事之师。今天，当历史的机遇又一次出现在我们面前的时候，必须维护、延长和用好重要战略机遇期，趋利避害、扬长避短，为实现中华民族伟大复兴赢得战略空间和上升通道。正是基于此，党的十九届五中全会立足对我国发展环境的科学判断，从统筹"两个大局"的高度，要求全党必须增强机遇意识和风险意识，勇于开顶风船、走上坡路，牢牢把握发展战略主动。

准确识变。当今时代瞬息万变，各个领域的更新都是"一日千里"，其变化之快让人眼花缭乱。就拿科技领域来说，摩尔定律的标定周期在不断压缩，技术更迭的速度呈裂变式增长。在这个突飞猛进的时代，更需要我们有一双洞若观火的慧眼，科学把握世界发展的大势和潮流，敏锐觉察内外部环境的发展变化，精准辨别经济、政治、文化、社会和科技等领域发展的端倪和动向，做到耳聪目明、心中有数、处变不惊。

硬核知识

摩尔定律

摩尔定律是由美国英特尔创始人之一戈登·摩尔经过长期观察总结出来的。其核心内容是，集成电路上可以容纳的晶体管数目大约每18个月便会增加一倍，处理器的性能每18个月翻一倍。随着技术的发展，摩尔定律的周期在不断缩短，有人提出目前摩尔定律的周期已缩短到6个月。该定律是许多新型工业进行性能预测的基础，一定程度上揭示了当今信息技术快速发展的特征。

科学应变。"常制不可以待变化，一途不可以应无方。"面对经常变化的情况，墨守成规、因循守旧是行不通的，必须因势利导、科学施策。这次抗击新冠肺炎疫情就是一个很好的例证。突如其来的严重疫情百年罕见、异常凶猛，中国以非常之举应对非常之事、在非常之时施以非常之策。第一时间果断封城，举全国力量支援一省，用最短时间建造救治医院，实施全城隔离全员检测，有效遏制了疫情大面积蔓延，有力改变了病毒传播的危险态势，最大限度保护了人民生命安全和身体健康，成为全球成功控制疫情的典范。

主动求变。网上流行的一句话富有哲理：鸡蛋从外面打破是食物，从内部拱破是生命。国家的发展也是一样，从内主动求变就能打破困局、获得新生；如若被外力牵着走，只能处处被动、受制于人。比如，近年来中国适应经济全球化深入发展的趋势，提出了共建"一带一路"的重大倡议，加强了中国与沿线国家的经贸合作，为推动世界贸易自由化作出了中国贡献，也提升了中国的国际影响力和塑造力。

各地毫不放松抓好常态化疫情防控

1923 年，中国共产党成立后不久，李大钊在《桑西门的历史观》一文中这样写道："黄金时代，不在我们背后，乃在我们面前；不在过去，乃在将来。"近 100 年过去了，中国共产党风华正茂，历史的机遇再次向中华民族张开热情怀抱。我们这一代人的责任，就是以梦为马、不负韶华，乘着机遇的东风展翅高飞，使中国现代化抵达繁荣富强的新天地。

特别阅读

扫一扫

1. 习近平：《决胜全面建成小康社会 夺取新时代中国特色社会主义伟大胜利——在中国共产党第十九次全国代表大会上的报告》，人民出版社 2017 年版。

2. 习近平：《在全国抗击新冠肺炎疫情表彰大会上的讲话》，《人民日报》2020 年 9 月 9 日。

破茧成蝶求嬗变
——为什么要以推动高质量发展为主题？

4

　　近年来，中国经济发展"强筋健骨"、文化创作"高峰频现"、社会生活"升级换代"、生态环境"焕然一新"……生产生活的方方面面正在悄然发生着变化，孕育着一场宏阔而深刻的社会变革，成为我国由高速增长阶段转向高质量发展阶段的生动注脚。发展转型是一场广泛的社会革命，能不能把高质量发展贯穿各方面各领域，是当前和今后一个时期我国经济社会发展的必答题。

　　"赤橙黄绿青蓝紫，谁持彩练当空舞?"经济社会发展是一个复杂的大系统，必须有一个管总的要求，做到方向一致、标准统一。党的十九届五中全会着眼我国发展阶段、发展环境、发展条件的新变化，把高质量发展要求从最初的经济领域拓展到党和国家事业各方面，作为新发展阶段经济社会发展的鲜明主题高扬起来，为开启全面建设社会主义现代化国家新征程指明了正确方向。

一　绕不开的一道坎

　　大到轮船、装备、钢材，小到纽扣、螺丝、笔芯……"Made in China"随处可见，中国商品风靡全球。曾几何时，"中国制造"被贴上了廉价、低端的标签，"8亿件衬衫换一架波音飞机"让人扼腕。而如今，中国高铁、手机、电脑等高端产品享誉世界，"中国质造"异军突起，在国际产业格局中占有举足轻重的地位。

中国高科技产品走出国门，广受欢迎

品质国货出海渐成潮流

近年来，在出行工具、服装家纺、电子产品等消费品领域，一些中国品牌紧跟国际市场需求，抓住机遇，走出国门，有力地提升了品牌国际知名度，有些还成为引领时尚潮流的新兴力量。这股品质国货出海潮，得益于中国制造业的高质量发展，也体现了中国品牌不断提升的自信。图为参加国际时装展览的中国服装品牌。

从"中国制造"到"中国质造"的华丽转身，反映了近些年来中国主动提升质量和效益所作出的努力。从"发展是硬道理"到"发展是执政兴国的第一要务"，从"科学发展"到"高质量发展"，中国向质量进军的路线非常清晰、脚步愈加稳健。党的十九届五中全会鲜明突出推动高质量发展这个主题，是总结发展经验规律、综合国内国际因素作出的治本之策。

转变发展方式使然。过去很长时间，我国粗放式发展模式带来了持续的高速增长，但也产生了"高投入、高消耗、高污染"的后果，使资源环境不堪重负、难以为继。以2012年为例，中国经济总量约占全球11.4%，却消耗了全球21.3%的能源、45%的钢、43%的铜、54%的水泥，排放的二氧化硫、氮氧化物总量居世界第一。为了改变这种状况，近年来我国大力转变发展方式，目前正处于换挡升级、胶着拉锯的关键阶段。这就需要我们坚定方向、咬紧牙关，坚决摒弃思维定势和路径依赖，推动质量变革、效率变革、动力变革取得实质性进展，切实把发展方式转变到依靠质量和效益提升上来。

解决主要矛盾使然。当前，我国社会主要矛盾已经转化为人民日益增长的美好生活需要和不平衡不充分的发展之间的矛盾。所谓美好生活需要就是对质量的要求，"需求清单"不断拉长扩容，实现从满足"有没有"到追求"好不好"的跃升，从只能"单一化同质化"到日益"多样化多层次"的进阶。"十三五"期间，我国恩格尔系数总体下降，从 2015 年 的 30.6% 降至 2020 年 的 30.2%。 推动高质量发展，能够生产更多高端的产品，提供更多舒适安逸的服务，更好地满足人们消费升级迭代和生活品质提升的需求。

赢得国际竞争使然。从世界以往的历史看，在国与国之间的竞争中，体量规模

硬核知识

恩格尔系数

恩格尔系数，是指食物支出金额占消费支出总金额的比重。这一概念由 19 世纪德国统计学家恩格尔提出，他认为，一个家庭收入越少，家庭收入中用来购买食物的支出所占的比例就越大；随着家庭收入的增加，家庭收入中用来购买食物的支出比重则会下降。推而广之，一个国家恩格尔系数越小，这个国家的人民富裕程度越高；恩格尔系数越大，这个国家的人民生活水平就越低。

固然重要，但更为长远的是质量提升。当今世界十几个高收入经济体，在发展中无一不经历了质量提升的过程。现在的德国制造可谓有口皆碑，奔驰、宝马、大众、西门子等品牌驰名天下，殊不知100多年前德国产品有着不堪的历史，曾经也是粗制滥造的代名词，德国生产的假冒伪劣产品臭名远扬、广受诟病。19世纪后期以来，德国为了洗刷耻辱，制定了一系列严格的标准和制

他山之石

日本"质量救国"战略

第二次世界大战后，为了从战争的废墟中寻求工业发展之路，日本开始实施"质量救国"战略，将产品质量升级放在与产业结构调整、贸易立国、贸易振兴等同等重要的地位，并通过设立国家级质量奖——"戴明质量奖"等激励措施，大力推动企业全面增强质量意识，提高产品质量，形成了一大批具有强大竞争力的品牌和企业，提升了"日本制造"的声誉与形象。

韩国质量强国梦

20世纪60年代开始，韩国为了提升本国工业产品在国际上的竞争力，先后出台了《产业标准法》《产品质量管理法》《工业标准化10年计划》《重化工业发展计划》等一系列法律和规划，通过举办国家质量管理大会、制定国家质量名匠制度、成立质量管理小组等政策措施，不断加强产品和企业的竞争力，将质量管理推向更高层次，使工业产品和企业成为韩国经济腾飞的重要基础。

度，实施了一揽子硬核的措施和政策，使制造工艺和产品质量大为改观，奠定了 100 多年来德国制造在欧洲乃至全世界的领先地位。当前，我国正处于从量的扩张转向质的提高的重要关口，推动高质量发展是实现这种根本性转变的关键一招，是未来我国在国际竞争中赢得优势的制胜法宝。

二 高质量发展内涵丰富

一提到高质量发展，人们大多想到的是经济领域，往往与经济结构优化、产业发展转型、商品服务升级等联系在一起。其实，高质量发展是一个总的要求，不光体现在经济发展上，改革发展稳定、内政外交国防、治党治国治军等各个领域都要

硬核知识

中国品牌日

经国务院批准，自 2017 年起，将每年 5 月 10 日设立为中国品牌日。中国品牌日的设立，对于坚持质量第一、效益优先，在全社会进一步增强品牌意识，引导企业弘扬专业精神、工匠精神，打造更多名优品牌，具有积极的推动作用。图为首届中国品牌日系列活动在上海展览中心举办。

体现高质量发展的要求。

那么，究竟什么是高质量发展？它的着力点在哪里？推动高质量发展，就是质量和效益替代规模和增速成为首要目标，不断提高经济社会发展的质地和成色，大幅增强经济实力和综合国力，实现经济行稳致远、社会和谐安定。一言以蔽之，就是从以往只注重"大不大""快不快"转向现在追求"好不好""优不优"。

发展理念高质量。理念对头了，事业就能取得长足的进步。坚持以人民为中心的发展思想，贯彻创新、协调、绿色、开放、共享的新发展理念，就是为了破解发展难题、提升发展质量、厚植发展优势而提出的，是实现我国经济社会持续健康发展的行动指南。推动高质量发展，必须在思想上来一场深刻的革命，坚决破除陈旧观念的束缚，牢固树立新发展理念，以思想之新、头

直播实录

河北唐山丰润助力经济高质量发展

近年来，河北省唐山市丰润区把发展先进装备制造业作为提质增效、转型升级的战略举措，打造以轨道交通、装配式建筑、汽车零部件等为核心的特色装备制造产业基地，助力经济高质量发展，2020年该区装备制造业增加值占比达到23.9%。图为该区某装备制造企业车间。

脑之新引领行动之新、面貌之新。

供给体系高质量。当前，我国发展面临的问题，在供给和需求这两侧都有，但矛盾的主要方面在供给侧。无论是经济领域日常用品的"漂洋过海"，还是社会领域优质资源的"僧多粥少"；无论是文化领域精品力作的"屈指可数"，还是生态领域绿水青山的"差强人意"，都反映了我国发展中无效和低端供给过剩，有效和中高端供给不足。推动高质量发展，必须紧紧抓住供给侧结构性改革这条主线，把提高供给体系质量作为主攻方向，继续完成"三去一降一补"的重要任务，增强供给体系的韧性，形成更高效率和更高质量的投入产出关系，实现经济在高水平上的动态平衡。

综合效益高质量。衡量一个社会发展的效益好不好，既要

甘肃临夏打造示范园区推动农业高质量发展

发展特色产业是推动农业农村高质量发展的重要举措。甘肃省临夏县引进农业产业化龙头企业，通过政策扶持和科技创新，因地制宜发展蔬菜、花卉、果品等特色种植，打造集农业科技研发、休闲观光、农业生产于一体的示范园区，推动当地农业产业结构转型升级。图为该县大规模花卉产业园。

看经济运行的效率，也要看整体发展的收益。从经济运行效率看，由于我国市场在资源配置中的决定性作用发挥得还不充分，存在缺少竞争、成本较高的"低效率洼地"，必须通过推动高质量发展，促进生产要素向优质高效领域流动，提高全要素生产率，实现经济效益的最大化；从社会整体发展看，与我国经济领域取得巨大发展成就相比，社会文明度、人民幸福度、环境友好度还不相匹配，必须在高质量发展中补齐短板、强化弱项。

内在动力高质量。根据生产力和生产关系矛盾运动的原理，调整不合理的生产关系，就能产生促进生产力发展的新动力。土地改革就很典型。改革开放初期实行家庭联产承包责任制，把承包经营权从所有权中分离出来，地还是原来那些地，

我国农业机械化智能化水平不断提高

人还是原来那些人，农民的生产积极性被充分调动起来了，"交够国家的、留足集体的，剩下全是自己的"，使农业生产力得到大大提高。现在，我国发展进入了一个动力转换期，扩张式、数量型的传统动力正在衰减，必须通过推动制度创新和科技创新，激发出更多内涵式、质量型的发展动力，为中国经济社会持续健康发展赋能。

三 贯穿各领域各方面

改革开放以来，浙江省发展速度一直位列全国"第一方阵"，是较早进入"万亿俱乐部"的省份之一。但新世纪以后，资源的高消耗、环境的重污染、产业的低小散，把浙江省带到一个历史性关口，发展的瓶颈和约束日益凸显。如何改变这种状况？浙江省凭借"八八战略"这把"金钥匙"，打开了发展大门，找到了破局出路。近20年来，浙江省实现经济"腾笼换鸟、凤凰涅槃"，践行"绿水青山就是金山银山"理念，推动"最多跑一次"改革，实施"千万工程"……不断在实践中探索出成功经验，为推动高质量发展提供了重要借鉴。

推动高质量发展，立足新形势下我国发展的阶段性特征，把准经济社会发展中矛盾和问题的症结，是防范化解风险挑战、推动发展行稳致远的密钥，是中国特色社会主义事业发展的总纲。当前和今后一个时期，各领域各方面确定发展思路、

浙江"千万工程"

"千万工程"是"千村示范、万村整治"工程的简称。这项工程于2003年启动,以垃圾收集、污水处理为重点,从源头上推进农村环境综合整治。近年来,浙江省不断深化"千万工程",围绕打造美丽乡村升级版、建设新时代美丽乡村,大力开展美丽乡村示范县、示范乡镇、特色精品村创建和美丽乡村风景线建设,造就了万千美丽乡村,率先走向乡村振兴。2018年,"千万工程"获联合国"地球卫士奖"。图为浙江省杭州市富阳区东梓关村。

制定制度政策、落实任务举措都必须以此为遵循。

加强顶层设计,制定"规划图"。高质量发展是一个大系统,涉及各领域、牵扯各方面,必须加强顶层设计和总体规划,形成统一的目标、标准和要求。习近平总书记在关于党的十九届五中全会《建议》的说明中,把以推动高质量发展为主题作为几个重点问题之首,专门作了深入阐释,强调各领域都要体现高质量发展的要求。《建议》将其写入"十四五"时期经济社会发展指导思想,作为各项工作的基本依据和行动坐标。下一步,各层各类规划的制定都要鲜明反映这个主题,把高质量发展的要求贯穿经济社会发展全过程各方面。

注重考核评价，用好"指挥棒"。过去一段时期，"GDP至上""以增长速度论英雄""数字出官"倍受一些地方推崇，成为考核政绩的"指挥棒"，带来了短期效应、盲目扩张的问题，影响了发展质量。必须从根本上扭转这种导向，举起高质量发展这个考核评价的"指挥棒"，对标人民群众的获得感幸福感安全感，建立与之配套的指标体系、标准体系和统计体系，对贯彻落实新发展理念、建设现代化经济体系、提高发展质量和效益的情况进行综合绩效评价，把经济社会发展引导到正确轨道上来。

完善政策配套，明确"任务书"。政策是党的理论路线方针的具体化，是主题转化为行动的中间环节。要把高质量发展落到实处，必须有一整套政策体系作支

弹幕屏语

➡ 昨天的"中国制造"行销世界，今天的"中国质造"闪亮国际，明天的"中国智造"领跑全球。

➡ 依靠规模和数量的老路早晚"凉凉"，唯有质量和效益的新路才是"王道"。

➡ 经济高质量"一枝独秀不是春"，全方位高质量"百花齐放春满园"。

➡ 高质量是发展理念的"破圈"，是发展方式的"升级"，是发展动力的"换挡"，是发展目标的"迭代"。

➡ 只有对传统发展方式的"断舍离"，才能实现发展潜能的"大爆发"。

大国工匠

电机盲测"金手指"
裴永斌

"深海钳工"第一人
管延安

国产飞机铸"翼"人
胡双钱

火箭"心脏"焊接人
高凤林

宣纸制作能手
周东红

高铁首席研磨师
宁允展

錾刻大师
孟剑锋

撑和保证，否则就会落空，成为"镜中花""水中月"。在推动经济社会发展过程中，各级党委和政府需要把提高经济效益，解决发展动力问题、发展不平衡不充分问题、发展内外联动问题、人与自然和谐共生问题、社会公平正义问题等作为决策重点，通过各种政策措施推动高质量发展。

浩荡东风一帆悬，舟出潼关两岸阔。高质量发展是"中国号"巨轮必须面对也一定要驶过的关口，除此之外别无他途。

前方的航道上，或许险象环生，或许危机四伏，但凭借实现中华民族伟大复兴的雄浑之势，我们必定能够越激流、涉险滩，战胜一切艰难险阻，驶向更加宽广辽阔的水域。

特别阅读

扫一扫

1.《习近平在江苏考察时强调 贯彻新发展理念构建新发展格局 推动经济社会高质量发展可持续发展》,《人民日报》2020年11月15日。

2.《习近平在参加青海代表团审议时强调 坚定不移走高质量发展之路 坚定不移增进民生福祉》,《人民日报》2021年3月8日。

观念一变天地宽

——新发展理念如何完整准确全面贯彻？

5

　　1972 年，美国学者德内拉·梅多斯等人出版了一部著作，名叫《增长的极限》。该书对传统的增长模式进行了深刻反思，提出如果按照原有的理念和方式发展下去，人类社会将在往后 100 年中达到增长极限，直至崩溃。当时，以美国为代表的西方国家还处在工业化进程中，因此这本书一经问世就引起激烈争论，尤其是受到了一些既得利益者的猛烈抨击，指责它是杞人忧天，是"有误导性的"。但随着时间的推移，这本书的观点为越来越多的人所认同，它一版再版，被译成几十种文字，在全世界发行数千万册，成为 20 世纪最具影响力的著作之一。

现在翻看这本书，虽然其中某些具体的观点有一定的局限性，但它对传统发展理念的批判至今仍给我们以启示。发展方式的变革首先是一场理念的革命。党的十九届五中全会在认真总结过去 5 年发展经验的基础上，再次强调了坚定不移贯彻新发展理念的鲜明导向，把它作为"十四五"时期经济社会发展必须遵循的一条重要原则。这集中体现了我们党对未来发展方向和规律的科学把握，也充分反映了我们党把新发展理念贯彻到底的坚定决心。

一 成效明显　亟待树牢

循道而行，功成事遂。理念是行动的先导，一定的发展实践都是由一定的发展理念来引领的。有科学的理念作指引，发展

数说中国

- ⊕ 截至 2020 年年末，正在运行的国家重点实验室 522 个，国家工程研究中心（国家工程实验室）350 个，国家企业技术中心 1636 家，大众创业万众创新示范基地 212 家。
- ⊕ 截至 2020 年年末，常住人口城镇化率达 63.9%。
- ⊕ 2020 年，货物进出口总额 321557 亿元，比上年增长 1.9%。
- ⊕ 2020 年，国家贫困县农村居民人均可支配收入 12588 元，党的十八大以来年均增长 11.6%，增速高于全国农村居民 2.3 个百分点。

就能取得事半功倍的效果。党的十八大以来，我们党对经济形势进行科学判断，对经济社会发展提出了许多重大理论和理念，对发展理念和思路作出及时调整，其中新发展理念是最主要的、最重要的，从观念层面为转变发展方式、引领发展实践指明了前进方向，引导我国经济社会发展取得了历史性成就、发生了历史性变革。

几年来，新发展理念在中华大地日益深入人心，正转变为亿万人民群众的具体行动。从重焕生机的白山黑水到热潮涌动的天涯海角，从气象万千的东海之滨到神秘高洁的世界屋脊，处处都能感受到新发展理念的生动实践和巨大威力。无论是政府机关还是工矿企业，无论是街头巷尾还是田间地头，都奏响

硬核知识

全球创新指数

全球创新指数（Global Innovation Index），于 2007 年由世界知识产权组织等共同创立，包括知识产权申请率、移动应用开发、教育支出、科技出版物等 80 个指标，用于评价国家和经济体的创新水平。《2020 年全球创新指数报告》显示，在参与评价的 131 个经济体中，排名前十的为瑞士、瑞典、美国、英国、荷兰、丹麦、芬兰、新加坡、德国和韩国，中国居第 14 位。

了新发展理念的时代最强音。

数字最有说服力。从"十三五"时期经济社会发展数据中，我们看到了贯彻新发展理念取得的显著成效。5 年来，我国全球创新指数排名从世界第 29 位跃升至第 14 位，第三产业增加值占国内生产总值的比重从 50.8% 增加至 54.5%，货物贸易进出口额从 3.95 万亿美元增加至 4.65 万亿美元，重点民生领域支出从 9.6 万亿元增加到 12.4 万亿元……这一串串数字，记录着时代的发展和社会的进步，新发展理念正在真真切切地改变着人们的生产生活。

同时，理念的改变意味着对陈旧观念的抛弃、对利益藩篱的突破、对发展方式的重塑，并非一朝一夕能够完成，真是"太难了"。新发展理念作为新事物和新要求，转化为实践需要一个长期的过程，目前一些地方和部门在树牢和践行上还有不小差距。

思想认识上不到位。有的领导干部对新发展理念的重大意义认识不清，认为是"一般性口号"，是"解燃眉之急的权宜之计"；有的对其丰富内涵理解不透，对5个关键词的各自要求和相互关系把握不准；等等。这些认识偏差，必然导致行动上缺乏主动精神和自觉意识。

贯彻落实上不坚决。俗话说："思想认识上偏了一寸，行为就可能偏出一丈。"客观上，贯彻新发展理念关系一个地方或单位整体发展方式的转变，涉及对原有利益格局的调整，要求对发展规律和趋势有深刻准确的把握，实施起来周期长、见效慢、难度大。有的领导干部觉得"费时费力不讨好"，不愿干、不敢干，甚至也不会干；有的基层单位专挑容易的、对自己有利的做，搞"选择性"落实。

体制机制上不完善。制度建设是管根本、管长远的，理念的落地必须有完善的体制机制作保障。但实践中，在发展规划、产业布局、资金支持、人才培养和生态环境等方面还缺乏完备的政策措施和制度安排，导致新发展理念出现"空转"现象，没法真正地落实落地。

"大江来从万山中，山势尽与江流东。"贯彻新发展理念是趋势所致、形势所需、发展所系，事关社会主义现代化建设全局，事关构建新发展格局的成败。必须清除前进道路上的"拦路虎"和"绊脚石"，让新发展理念在神州大地落地生根。

二 深化理解　悟透要义

发展是人类社会的永恒主题。要发展是所有社会、所有阶段人们的共识，但以什么样的理念来指导、走什么样的发展道路？人们一直在苦苦探索中。马克思恩格斯通过历史性考察后认为，未来社会是建立在物质与精神、经济与社会、人与自然等均衡发展基础上的，最终目的是实现"每个人自由而全面的发展"。

新发展理念贯穿了马克思主义关于发展的立场、观点、方法，是与时俱进的马克思主义发展观。它坚持马克思主义基本原理，顺应人类社会发展大趋势，锚定社会主义现代化宏伟目标，着眼解决制约高质量发展的矛盾问题，站在历史和时代高度，创造性地回答了新发展阶段"实现什么样的发展、怎样发

内蒙古鄂尔多斯为发展注入"绿色动能"

内蒙古自治区鄂尔多斯市深入贯彻新发展理念，积极推动煤炭产业转型升级，推进煤炭清洁生产与智能高效开采，提升能源技术水平，积极开发利用非化石能源，打造风电、光伏、储能和绿色氢能产业链，深入实施新能源重点工程，推进多种能源协同互补、综合利用、集约高效发展，为发展现代能源经济注入"绿色动能"。图为该市风力发电机生产线。

展"的一系列重大问题，进一步丰富了马克思主义关于发展的理论。

它着眼人民立场的"出发点"。为谁发展、依靠谁发展、发展成果由谁共享，是社会主义现代化和资本主义现代化的分水岭。人民是我们党执政的最深厚根基和最大底气，坚持以人民为中心的发展思想是我们党领导现代化建设的出发点和落脚点。只有坚持发展为了人民、发展依靠人民、发展成果由人民共享，才会有正确的发展观、现代化观。新发展理念就是从我们党的根本宗旨出发提出来的，是为人民谋幸福、为民族谋复兴的发展观。反观有的西方发达国家，科技水平不可谓不高、发展水平不可谓不强，但新冠肺炎感染和死亡人数令人惊愕，老百姓的生命安全无从保证，这样的现代化意义何在!

它聚焦我国发展的"疼痛点"。当前，我国经济社会发展总体趋势向好，但也面临着复杂的"问题岛链"。新发展理念坚持问题导向，紧紧围绕消除改革发展"疼痛点"来展开，着力开出破解发展不平衡不充分问题的良方。创新解决发展动力问题，协调解决发展不平衡问题，绿色解决人与自然和谐问题，开放解决发展内外联动问题，共享解决社会公平正义问题。正因为有着强烈的问题意识，新发展理念才具有强大的理论穿透力和现实解释力，成为回应当代社会发展问题的中国解答。

它扼住困难挑战的"风险点"。居安思危、守住底线，是始终掌握发展主动权的科学方法。正所谓"图之于未萌，虑之于未有"。随

直播
实录

河南郑州打造内陆地区
对外开放新前沿

河南省郑州市充分发挥"区位＋枢纽＋开放"的优势，加快推进枢纽体系、开放平台、营商环境建设，构建涵盖国际航空运输网、"米"字形高铁网、高速公路网等在内的多式联运体系，使内陆腹地成为对外开放的新前沿。图为郑州铁路集装箱中心站内正在装卸运往国外的货物。

着我国社会主要矛盾变化和国际力量对比深刻调整，来自各方面的困难和挑战不断增多，甚至"黑天鹅""灰犀牛"还会联袂而至，使面临的风险和威胁叠加升级，给经济社会发展带来诸多隐患。新发展理念正是从随时准备应对更加复杂困难局面的前提出发，坚持政治安全、人民安全、国家利益至上有机统一，不断增强忧患意识、坚持底线思维，全面做强自己，使党和国家事业在各种斗争中始终立于不败之地。

它扣准时代潮流的"兴奋点"。和平与发展、创新与变革、协调与绿色、开放与共享，是当今世界发展的高频词。它们代表了未来全球发展的方向，是各主要国家竞争的焦点。谁在新一轮博弈中抓住这些关键点，谁就能占得先机、赢得主动。新发展理念以宽广视野和敏锐眼光观察大势，引领世界风潮之先，牵住生产生活方式转型变革的"牛鼻子"，厚植发展优势、

**直播
实录**

我国光伏产业占据全球主导地位

我国作为全球最大的可再生能源市场和设备制造国，光伏发电技术快速迭代，多次刷新电池转换效率世界纪录。在光伏组件全球排名前十的企业中，我国企业占据 7 家，中国光伏产业为全球市场供应了超过 70% 的组件。图为太阳能光伏组件产品生产车间。

增强发展动力、提高发展质量，助推我国在制度模式和发展道路的比拼中脱颖而出。

新发展理念是一个系统的理论体系，回答了关于发展的目的、动力、方式、路径等一系列理论和实践问题，阐明了我们党关于发展的政治立场、价值导向、发展模式、发展道路等重大政治问题。创新、协调、绿色、开放、共享，就好比中国古代哲学所讲的"五行"，金木水火土，一个都不能少。它们高度耦合、不可分割，是统领发展的总纲要和大逻辑，共同构筑了未来发展图景的顶层设计；它们各有侧重、协同支撑，每一个都对应经济社会发展中的重要着力点。准确把握新发展理念，必须全面完整，不能顾此失彼，更不能相互替代。

三　准确把握　深入贯彻

深圳，中国发展的窗口。在这个活力之城，光明区并不那么声名显赫，因为它是这几年才冉冉升起的"新星"。曾经，光明区只是深圳北郊的一个普通国营农场，乳鸽、牛奶、甜玉米是其引以为豪的老"三宝"。如今，光明区旧貌换新颜，走上了一条高质量发展之路，科学城、城市"绿肺"、群众诉求服务站新"三件"成为这里闪亮的名片。从老"三宝"到新"三件"的蝶变，是新发展理念在光明区落地生根、开花结果的生动实践。

广东省深圳市光明区高新技术产业园

近年来，不只是光明区，在整个深圳乃至全国，贯彻新发展理念的成效正逐步显现。下一步的关键是，立足新发展阶段的特征，按照构建新发展格局的要求，进一步提高政治站位，以更坚决的态度、更有力的举措、更完善的保障，切实把新发展理念完整、准确、全面贯彻到经济社会各方面，实现更高质量、更有效率、更加公平、更可持续、更为安全的发展。

入脑入心入行。马克思曾说，理论一经掌握群众，也会变成物质力量。要让新发展理念掌握群众，真正在人们思想中扎下根来，不仅要做到入眼入耳，更要在入脑入心上下功夫。领导干部是贯彻落实新发展理念的组织者、推动者，必须抓住这个"关键少数"，通过日常学习、专题培训、实地考察等方式，强化思想教育的作用，提高他们贯彻落实的自觉性和主动性。

落实落细落小。理念变为实践，需要有具体的抓手和路径，否则就会大而化之，沦为空谈。新发展理念是一个宏观的要求，必须与改革发展的中心任务相结合，与各地经济社会发展实际相结合，与干部群众所思所想所盼相结合，体现在一个个规划、一项项任务、一件件实事上。只有这样，新发展理念才能看得见、抓得牢，才能转化为推动高质量发展的做法和举措。

进法进规进制。法律法规和制度安排是党、国家和人民意志的集中体现。新发展理念作为指导经济社会发展的行动纲领，必须融入相关法律法规和制度，从柔性的要求变成刚性的约束。在最近一次宪法修改中，新发展理念被载入其中，作为国家经济社会发展的基本准则，为国家富强、民族振兴、人民幸福提供根本的法律保障。

直播实录

湖北宜昌坚持走生态优先的绿色发展之路

湖北省宜昌市将环境保护融入经济社会发展的方方面面，因地制宜发展生态旅游产业，走出了一条生态优先的绿色发展之路。图为该市天蓝地绿水清的城市美景。

我们走在大路上，风展红旗如画。在实现中华民族伟大复兴的征程上，中国的发展呈现出亘古未有的光明前景。新发展理念犹如一面旗帜、一座灯塔，指引锦绣中华向着更高的目标迈进，努力创造让世界刮目相看的新的更大奇迹。

特别阅读

扫一扫

1.《中央经济工作会议在北京举行　习近平李克强作重要讲话　栗战书汪洋王沪宁赵乐际韩正出席会议》，《人民日报》2020年12月19日。

2.《习近平在中共中央政治局第二十七次集体学习时强调　完整准确全面贯彻新发展理念确保"十四五"时期我国发展开好局起好步》，《人民日报》2021年1月30日。

6 一招落子满盘活
——新发展格局如何加快构建？

　　2021 年全国两会前夕，国家统计局公布了上一年经济社会发展年度数据，在国内外引起广泛关注。中国经济不仅在总量上实现了新的突破，GDP 超过 100 万亿元、同比增长 2.3%，在世界经济低迷的情况下可谓非常抢眼，而且在结构上也保持了良好态势，消费和投资对经济增长的贡献率在 70% 以上，货物和服务净出口占比不到 30%。统计数据是观察经济走势的风向标。从这份亮丽的成绩单中，人们领略了中国经济发展的韧性之强、趋势之稳，也读出了中国经济运行的格局之新、潜力之大。

明者因时而变，知者随事而制。当前，世界经济陷入深度衰退之中，中国发展到了一个新的关口，应该怎么办、如何走，成为摆在我们面前必须回答好的重大课题。构建以国内大循环为主体、国内国际双循环相互促进的新发展格局，是党的十九届五中全会《建议》提出的一项关系我国发展全局的重大战略任务，是在新的历史条件下塑造我国发展新优势的必然选择。

一　审时度势的战略抉择

在平时下棋的过程中，我们经常会遇到这种情况：当一方陷入困局时，似乎进退维谷、处处受制，但当他下出一步妙棋后，攻守顿时易位、局面顷刻大开，立马变被动为主动，在全盘局势中反而占据了优势。发展如棋局。看清每一处落子的深意，方能运筹帷幄、纵横捭阖。构建新发展格局，就是激活我国发展棋局的绝妙一招，是保持我国长远发展的制胜之策。

那么，什么是新发展格局？就是生产、分配、流通和消费各个环节都更多依托国内市场，同时经济运行必须深度对接国际分工体系，通过融入国际循环促进国内循环、以畅通国内循环支撑国际循环，更好地利用国际国内两个市场、两种资源来发展自己。从这个定义可以看出，在新发展格局中，国内循环作为基础和主体，是解决我国发展矛盾的主要方面；双循环作为延伸和补充，是拓展我国发展空间的不二法门。国内循环与国际循环相互依存、相互促进，构成了一个优势互补、相得益彰的有机统一整体。

在经济全球化的大背景下，任何一种经济循环都是由国内循环和国际循环所构成的，到底是以国内循环为主体，还是以国际循环为主体，必须由国家的发展阶段、所处环境、目标任务来决定。构建新发展格局，是以习近平同志为核心的党中央深刻把握国内外大势，立足当前、着眼长远，从战略全局的高度作出的重大抉择，是推动我国经济向更高层次发展的神来之笔。

直播实录

社群经济成为消费新时尚

最近几年，社群经济是一个非常火的概念，成为很多年轻人消费的新样式。社群经济是指互联网时代基于社交而建立起来的一种消费模式，有共同兴趣、认知和价值观的一群用户对同一种产品或品牌产生认同，从而形成的具有情感信任的消费行为。图为汉服爱好者举办主题巡游活动。

破解发展难题的"拔簧马"。经济发展是分阶段的，不同的发展阶段对应不同的发展格局。改革开放前，我国经济发展基本处于封闭状态，以国内循环为主，进出口占国民经济的比重很小。改革开放后，我们打开国门搞建设，参与和融入国际大循环，形成市场和资源"两头在外"的发展格局，推动经济高速增长，"快马加鞭"赶上了世界潮流。但发展到今天，我

新发展格局让世界期待

2021年3月20日至22日，以"迈上现代化新征程的中国"为主题的中国发展高层论坛年会在北京召开，传递出海内外人士对中国持续推动世界经济发展的期待和信心。图为参会代表围绕会议主题进行发言。

国要素成本和环境容量的约束趋紧，传统的发展模式动力不足。要改变这一状况，必须加快构建新发展格局，从要素驱动转向更多依靠创新驱动，不断增强发展的动力和活力，使中国经济这匹骏马持续奔腾起来。

应对外部风险的"担杆炮"。近年来，经济全球化遭遇逆流，西方主要国家民粹主义盛行，贸易保护主义抬头。特别是受到新冠肺炎疫情的影响，逆全球化趋势更加明显，全球产业链、供应链面临重大挑战。在这种情况下，作为"世界工厂"的中国，产业体系受到影响和冲击的风险增加。面对外部环境的不稳定性不确定性，必须构建新发展格局，在不断提高对外开放水平的同时，充分挖掘内需潜力，形成国内大循环和国内国际双循环协同运行、良性互动的发展态势。

发挥大国优势的"高头车"。历史经验表明，大国在发展过程中，必须有强大的内部循环体系，否则就难以形成持续的竞争力和推动力。经过长期发展，我国经济已经长成"巨无霸"，形成超大规模的体量、最具潜力的市场、完备的工业体系，拥有 1.3 亿户市场主体和 1.7 亿多受过高等教育或拥有各类专业技能人才，需求后劲和供给能力空前强大。构建新发展格局，有利于利用好我国大国经济优势，发挥规模和集聚效应，释放巨大而持久的动能，促进自身经济持续发展，拉动世界经济复苏。

发展战略犹如导航仪，指引着我国经济列车的前进方向。构建新发展格局，是对马克思主义社会再生产理论的创新发展，是对我国以往发展战略的整合提升，为开创经济发展新局面、加快建设现代化经济体系提供了科学指南。

二 以国内大循环为主体

自古以来，巴蜀本一家，以成都、重庆为中心的川渝大地山水相连、地缘相亲，经济发展一直有着千丝万缕的联系。

直播实录

成渝双城各方面合作加速推进

成渝地区双城经济圈确立以来，成都、重庆围绕经济社会各领域发展，广泛开展交流互鉴，探索建立区域性合作机制，实现组团式发展。图为首届成渝地区双城经济圈发展论坛。

硬核知识 📚

胡焕庸线

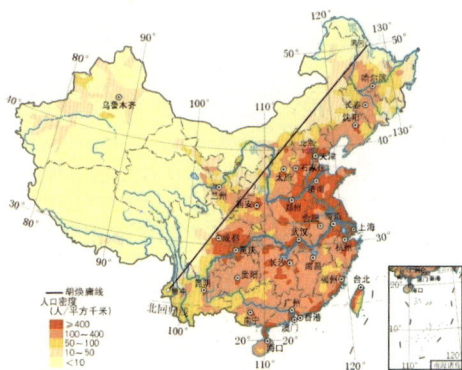

胡焕庸线，是 1935 年地理学家胡焕庸提出的一条划分我国人口密度的对比线。它从黑龙江省瑷珲（现改名为黑河市）到云南省腾冲，大致为倾斜 45 度的直线，线东南方 36% 的国土居住着 96% 的人口，线西北方 64% 的国土居住着 4% 的人口，密度比为 42.6∶1。这条线一直为国内外人口和地理学者所承认和引用，对认识我国人口分布规律起到了重要的参考作用。

近年来，巴蜀要"搞大事情"，两地携手建设成渝地区双城经济圈，打造中国经济西部增长极。在构建新发展格局的大背景下，成渝唱好"双城记"、实现组团式发展，对于推动西部地区跨越"胡焕庸线"，畅通国内大循环具有重大的战略意义。

以国内大循环为主体，是基于我国国情和发展变化而提出来的。马克思主义政治经济学告诉我们：经济活动的各个环节从来都不是孤立存在的，而是一个动态运转、周而复始的循环过程。尤其对于我们这样一个大国来说，经济运行的各个要素都是齐全的，内部具有可循环的基础和条件。只有立足自身，把国内大循环畅通起来，才能任由国际风云变幻，始终充满朝气生存和发展下去。要在各种可以预见和难以预见的狂风暴雨、惊涛骇浪中，增强我们的生存力、竞争力、发展力、持续力。

党的十九届五中全会《建议》提出，"十四五"时期畅通国内大循环的主要任务，就是依托强大国内市场，贯通生产、分配、流通、消费各环节，形成国民经济良性循环。聚焦这个任务，必须突出重点环节，抓住主要矛盾，打通"任督二脉"，着力清除经济循环的淤点堵点，让经济链条畅通起来，加快创建国内大循环"升级版"，形成一张有机衔接、高效运转的经济网，为做好"六稳"工作、落实"六保"任务提供重要支撑。

> **云端答疑**
>
> **什么是"六稳""六保"？**
>
> 答："六稳"指的是稳就业、稳金融、稳外贸、稳外资、稳投资、稳预期。"六保"指的是保居民就业、保基本民生、保市场主体、保粮食能源安全、保产业链供应链稳定、保基层运转。这两项工作任务是我国针对当前经济发展中的困难和挑战提出的重大举措。

供给和需求双侧发力。供给和需求是市场经济最重要的两种力量，只有两者同时做大做强，才能使经济总量这个"蛋糕"不断变大，并且保持持续的后劲。要让国内大循环这辆"动车"跑起来，必须供给和需求双轮驱动，把实施扩大内需战略同深化供给侧结构性改革有机结合起来，建立起扩大内需的有效制度，释放内需潜能，加快培育完整内需体系，提升供给体系对国内需求的适配性，形成需求牵引供给、供给创造需求的更高水平的动态平衡。

实体和虚拟均衡发展。实体经济和虚拟经济都是现代经济不可或缺的成分，两者必须科学搭配，畸重畸轻都有失偏颇。打个比方，实体经济就像树根，虚拟经济如同树叶。没有根，树活不成；没有叶，树也会枯槁。只有根深叶茂，树的生命力才强。畅通国内大循环，必须大力发展农业、制造业、服务业等实体经济，强化金融等虚拟经济的服务功能，使经济大盘既保持健康稳定又活力无限。

生产和流通同步优化。构建新发展格局的关键在于经济循环的畅通无阻。生产要素流动得好不好、商品服务流通得快不快，直接决定着市场经济的效率，也关系着国内大循环的质

2020 年我国快递年业务量突破 800 亿件

量。近年来，我国加大要素市场化配置和流通体系改革力度，消除阻碍要素和商品流动的壁垒，打通各个环节形成的"堰塞湖"和"断头路"。目前，我国97%以上的商品和服务已由市场定价，土地、劳动力、资本、技术、数据等要素市场日益完善，不同种类交通设施连接短板逐步消除，现代物流体系迅猛发展，2020年人均快递量已达50多件。这些变化，都反映出中国经济的蓬勃生机。

举网以纲，千目皆张。以重点带动全面，是唯物辩证法的基本要求，也是我们一贯坚持的科学方法。畅通国内大循环，必须在关键点上着力，也必须在整体上配套，形成全方位、全领域、全链条的运行体系，做到纲举目张、执本末从。

三 促进国内国际双循环

2020年11月15日，中国与东盟十国以及日本、韩国、澳大利亚、新西兰共同签署RCEP（区域全面经济伙伴关系协定）。相比北美贸易区、欧盟、CPTPP（全面与进步跨太平洋伙伴关系协定）等目前世界上几个自贸区来说，RCEP真的很大，涵盖全球约30%的人口、1/3的经济总量、近三成的贸易，是世界上潜力最大、活力最强的区域自贸区。中国作为东亚经济体量最大的国家，必将在RCEP的框架下，把国内发展战略与自贸区各国发展充分对接，助力形成国内国际双循环发

国务院办公厅出台系列举措稳住外贸外资基本盘

2020 年 8 月，国务院办公厅印发《关于进一步做好稳外贸稳外资工作的意见》，提出为外贸企业融资提供增信支持、扩大对中小微外贸企业出口信贷投放、支持贸易新业态发展、提升通关和人员往来便利化水平、给予重点外资企业金融支持等 15 项政策措施，着力稳住外贸主体，保证产业链供应链稳定。图为天津港联盟国际集装箱码头繁忙景象。

展格局，也引导推动经济全球化朝着正确的方向发展。

当今世界，经济全球化是不可阻挡的历史潮流。在你中有我、我中有你的世界经济格局中，谁也不可能独自发展好经济，必须深度融入国际贸易和产业分工体系，在全球经济发展链条中发挥自己的独特优势和作用，才能使本国经济发展在最大范围内获得动力和能量。促进国内国际双循环，就是中国立足自身实际、顺应经济全球化发展趋势所作出的主动选择。

国内国际双循环，涉及国内经济循环和国际经济循环的关系。按照唯物辩证法的观点，这两者就是事物发展的内因和外因。其中，国内循环作为内部矛盾，是中国经济发展的主要原因和根本动力；国际循环作为外部矛盾，是中国经济发展的次要原因和重要条件。在构建新发展格局过程中，必须同时兼顾内因和外因，充分用好两个市场、两种资源，形成内外贸易一体化格局，为推动中国经济腾飞提供"双引擎"。

内外市场相协调。现代世界经济的一个基本特征，就是商品生产和消费在全球范围内进行配置，各个国家的市场共同构成了一个广阔的国际市场。对单个国家来说，既存在着一个国内市场，也存在着一个国际市场，只有两个市场都用好，才能在经济全球化的趋势下获得最大的收益。我国促进国内国际双循环，必须坚持引进来和走出去并重，统筹国内和国际两个市场，促进内需和外需、进口和出口、引进外资

直播实录 🎤

商务部等 12 部门出实招释放农村消费潜力

2021 年 1 月，商务部等 12 部门印发《关于提振大宗消费重点消费促进释放农村消费潜力若干措施的通知》，提出稳定和扩大汽车消费、促进家电家具家装消费、提振餐饮消费、补齐农村消费短板弱项和

强化政策保障 5 项措施，为促进农村消费回升注入了一剂猛药。图为工作人员搬运农民在网上购买的商品。

和对外投资协调发展，加快形成参与国际经济合作和竞争的新优势。

内外资源都利用。资源通常是指一切可被人类开发利用的物质、能量和信息，它广泛存在于自然界和人类社会。对一个国家或地区来说，资源可分为内部资源和外部资源两大类，它们都是促进发展不可或缺的。我国是一个制造业大国，生产原料仅靠国内资源是难以完全满足的，必须利用好国际资源。拿钢产量来说，2019 年，我国生产了全球约 53% 的粗钢，但其主要原料铁矿、锰矿、镍矿国内只能提供较少部分，对外依存度超过 80%。

内外贸易一体化。从世界经济发展经验看，成熟的市场经济国家，国内贸易和对外贸易在管理上是一体的。由于历史原

直播实录

广西柳州打造"15分钟生活圈"

广西壮族自治区柳州市通过旧城改造项目规划、闲置建筑功能调整、新建邻里中心或公共服务设施等，在全市努力打造 126 个"15 分钟生活圈"，配套菜市场、商场、便利店、饭店等日常消费场所，提升城市经济活力。图为该市市民在居住地附近买菜。

因，我国对国内贸易和对外贸易实行分割管理，形成了两个标准、两套体制。随着我国社会主义市场经济的发展和对外开放的深化，内外贸分割管理的体制已不合时宜，影响了统一大市场的形成，也阻碍了商业流通的发展。促进国内国际双循环，必须统筹规划、协调管理，推动内外销产品同线同标同质，实现内外贸体制相衔接。

国内国际双循环是一个内外相互促进的过程。构建新发展格局，实行高水平对外开放，必须具备强大的国内经济循环体系和稳固的基本盘。同时，塑造我国参与国际合作和竞争新优势，改善我国生产要素质量和配置水平，推动我国产业转型升级，以国际循环提升国内大循环效率和水平。

四 内卷化论调可以休矣

我国提出构建新发展格局后，有人认为中国发展要走向内卷化，回到过去自我封闭的老路上。这种论调与基本事实不符、同发展潮流相悖，是对新发展格局彻头彻尾的误读。我们只需从理论和实践、历史和现实深入分析一番，是非界限就不辩自明。

关于内卷化的定义，尽管目前尚无定论，但一般指的是一种发展模式在达到相对稳定的状态后，便停滞不前、不能向更高层级模式跃迁的现象。一言以蔽之，内卷化就是在一个封闭的系统中彼此内耗、不去拓展。这个概念最早来源于拉丁语，原意是"转或卷起来"。1963 年，美国人类学家吉尔茨在《农业内卷化》一书中用这个词来解释传统农业生产，他认为在农耕社会人多地少的情况下，很容易出现劳动投入越来越高但单位劳动回报越来越少的情况，从而导致了一种内陷式的演化状态。

不可否认，从历史上看，我国也曾出现内卷化的现象。明清时期，随着玉米、红薯和土豆等高产农作物的先后引进和推广，人口急剧增加，特别是到清代赋役制度改革后，人口规模达到了一个前所未有的高峰。据《清实录》记载，康熙三十九年（1700 年）全国人口仅有 2010 万，乾隆五十五年（1790 年）人口达到了 3 亿，短短 90 年间增长了近 14 倍。而这一时期，我国商业和手工业发展受到遏制，可耕种土地面积没有太多增加，为了养活增加的人口，只能在有限的土地上精耕细作，内卷化的程度不断加深。1840 年鸦片战争，在西方列强坚船利炮的攻击下，旧中国紧闭的大门被轰开，自此被迫卷入世界体系中。

而今天，我国构建新发展格局，不是要搞内卷化，不是封闭起来搞自我内部循环。习近平总书记指出，"新发展格局决不是封闭的国内循环，而是开放的国内国际双循环"。当今时代，各国经济早已深度融合，国际产业关联度和依存度日益加深，关起门来搞建设是无法取得成功的，任何国家的发展都离不开世界。中国开放的大门不会关闭，只会越开越大。我国始终秉持这一理念不动摇，并积极践行。近年来，我国连续降低关税，目前关税总水平已经降至 7.5% 以下，超出加入世贸组织时作出的承诺。中国是全球 130 多个国家和地区的最大贸易伙伴，在 2020 年世界各国贸易普遍低迷的情况下，我国进出口总额同比增加 1.9%，下半年连续 6 个月实现正增长。

世界对中国扩大开放投出了信任票。联合国贸易和发展会议报告显示，2020 年全球外国直接投资同比下滑 42%，而中国吸引外资规模比上一年同期不降反升，增幅为 4%。中

直播实录 🎤

贵州贵阳创新"夜 +"业态繁荣夜经济

为更好发展城市夜间经济，拉动居民消费，贵州省贵阳市通过推出繁荣"夜文化"发展、提升"夜购物"体验、推动"夜旅游"路线、助力"夜黔味"火爆、兴起"夜体育"潮流、丰富"夜娱乐"生活、引导"夜健康"时尚、促进"夜出行"便捷 8 项举措，着力打造夜间消费模式，增强夜间产品与服务供给能力，提升夜间经济对全市经济的贡献率。图为该市夜晚的美景吸引众多游客驻足拍照。

弹幕屏语

⟶ 构建新发展格局是新发展阶段统筹两个大局、用好两个市场的组合拳、最优解。

⟶ 内循环"挑大梁"，双循环"立支柱"，新格局"起高楼"。

⟶ 我们人口多、市场大、后劲足，有底气、有实力、有条件让国内大循环畅通无阻。

⟶ 今天中国的发展格局，不是躲进小楼成一统，而是敞开胸怀纳百川。

⟶ 新发展格局涉及内与外、供与需、破与立，是一个全方位立体化的系统工程。

国进出口货物流通也保持了较好势头，2020年中欧班列开行达1万多列，运送集装箱113.5万标箱，综合重箱率达98.4%，通达欧洲21个国家、97个城市，再次创造了新纪录。

因此，构建新发展格局跟搞内卷化"八竿子打不着"，本质上不是一回事。我们在思想上一定要正确认识，避免出现实践偏差，更不能出现搞区域或产业自我小循环的情况。党中央作出构建新发展格局的战略安排，提出以国内大循环为主体，不是搞省内、市内、县内的自我小循环，也不是解决某一行业矛盾和问题的一般性举措，而是针对全国而言的，是国家的整体性战略。各地区和行业必须从大局和整体出发，不能搞"小而全"，更不能以内循环的名义搞自我封锁，要在全局中找准自己的位置和优势，合力畅通整个国民经济大循环。

回望改革开放40多年，我国发展持续面临两大历史性任务：如何调动亿万人民的积极性建设社会主义现代化；如何发挥发展中大国的优势更好融入经济全球化。今天，构建新发展格局，就是以新的方式深入破解时代课题，推动中国经济发展迈入新天地。

特别阅读

扫一扫

1.习近平：《国家中长期经济社会发展战略若干重大问题》，《求是》2020 年第 21 期。

2.《习近平在福建考察时强调　在服务和融入新发展格局上展现更大作为　奋力谱写全面建设社会主义现代化国家福建篇章》，《人民日报》2021 年 3 月 26 日。

宝剑锋从磨砺出

——科技自立自强如何实现？

7

　　说起"中国芯"，大家肯定会想到华为海思，纷纷竖起大拇指，因为它是我国科技自立自强的一个典范。多年前，当华为还不愁美国高端芯片供应时，公司就作出有一天美国可能断供的最坏打算，开始自主研发海思芯片，为公司发展打造"备胎"。近年来，在中美经贸摩擦的大背景下，面对美国的"釜底抽芯"，海思芯片全部"转正"，为公司的产品持续供应和战略安全提供了保证，使华为没有因为遭遇技术封锁而倒下，反而迎难而上、自强不息，努力在新一轮信息技术竞争中寻求突破。

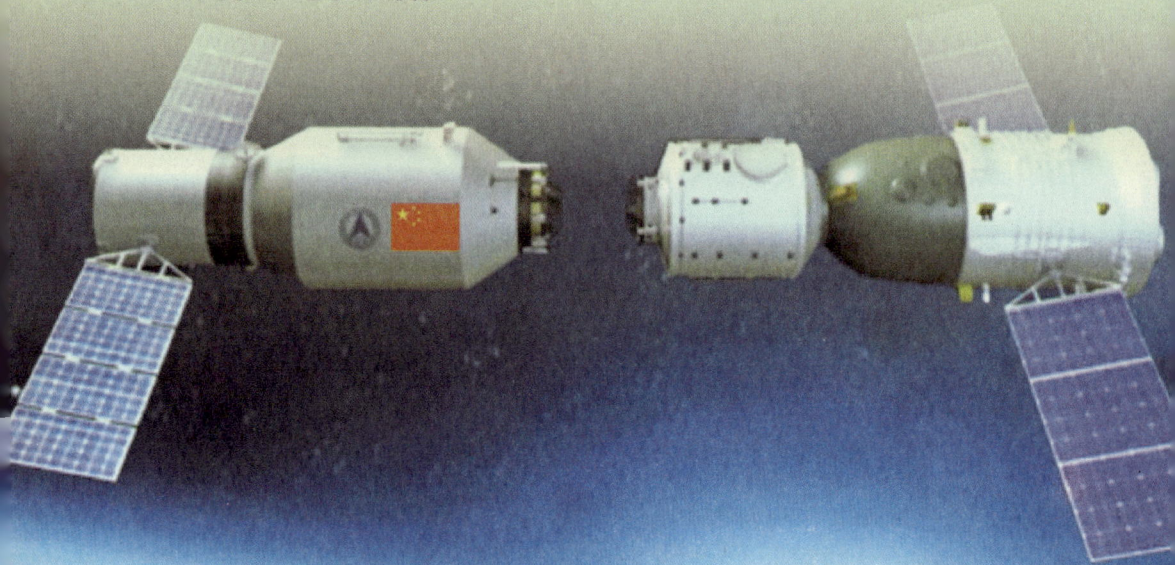

古人云："事贵制人，而不贵见制于人。"海思造芯的故事告诉我们，关键核心技术是要不来、买不来、讨不来的，只有坚持科技自立自强，努力实现关键核心技术自主自控，才能把主动权牢牢掌握在自己手中。中国发展到今天，靠跟随和模仿已行不通，科技创新驱动从来没有像现在这样重要，科技自立自强从来没有像现在这样紧迫。

一 建设科技强国时不我待

科技是人类认识和改造世界的基本活动。从古人第一次拿起石头砸向坚果开始，科技之光就照耀着人类从野蛮走向文明。从简单工具的使用到铜铁冶炼技术的掌握，从文字的出现到纸张的发明……在漫长的古代岁月中，科技的演进如同进步的阶梯，推动着人类发展的车轮滚滚向前。

世界进入近代以后，科技获得突飞猛进的发展，奠定了现代科学的基础，产生了一大批颠覆性的技术，先后催生了第一次、第二次工业革命，使人类的生产力水平大大提高。在短短一百年间，资本主义所创造的财富，比过去一切世代所创造的总和还要多、还要大，这固然有制度变革的原因，但从根本上说是科技创新带来的红利。

从 20 世纪四五十年代开始，以原子能、电子计算机、空间技术和生物工程为代表的第三次工业革命迅速兴起，深刻影响了人类的生产生活方式，加剧了世界范围内生产关系的变化。在这一轮科技变革中，美苏为首的两大阵营进行了激烈的竞争，一开始还不相上下、各有所长。但后来，苏联深陷军备竞赛，经济被拖垮。美国却顺应信息技术发展的趋势，迅速在计算机和互联网技术上获得优势，成为科技革命的领头羊。微软、苹果、高通等一大批具有世界影响力的企业，就是在这段时间相继成立的，从而成就了美国在科技领域的超级大国地位。

这期间，我国在科技进步上可圈可点。改革开放前，我们对新技术新应用的掌握总体上还是处于落后状态的，但全国人民"勒紧裤腰带"，造出了"两弹一星"，使中国在原子能和空间技术上拥有了一席之地；改革开放后，中国抓住信息技术革命的尾巴，搭上了末班车，推动计算机的普及和应用，成功接入国际互联网，并在PC互联网、移动互联网发展中迅速崛起。党的十八大以来，以习近平同志为核心的党中央坚持把科技创新摆在国家发展全局的核心位置，全面谋划科技创新工作，推动我国科技实力从量的积累迈向质的飞跃、从点的突破迈向

历史回放

"两弹一星"

系统能力提升，推动科技创新取得新的历史性成就。

当前，世界新一轮科技革命和产业变革突飞猛进，科学研究范式正在发生深刻变革，学科交叉融合不断发展，科学技术进步和经济社会发展加速渗透融合。特别是科技创新成为国际战略博弈的主要战场，围绕科技制高点的竞争空前激烈。为了在这一轮竞争中抢占先机，各主要国家抓紧布局，纷纷推出加速科技创新的战略安排。比如，美国发布《关键与新兴技术国家战略》，力图在人工智能、量子信息科学、通信和网络技术等领域保持全球主导地位；德国制定"工业4.0"战略，旨在

他山之石

德国"工业4.0"战略

为提高德国工业的竞争力，在新一轮科技革命和产业变革中占得先机，德国政府推出"工业4.0"战略。该战略主要包括："智能工厂"，研究智能化生产系统及过程，以及网络化分布式生产设施的实现；"智能生产"，涉及整个企业的生产物流管理、人机互动以及3D技术在工业生产过程中的应用；"智能物流"，通过网络整合物流资源，充分发挥现有物流资源供应方的效率，同时需求方可以快速获得服务匹配并得到物流支持。德国"工业4.0"战略，旨在利用信息技术促进产业变革，提高德国工业的智能化水平。图为2019年德国汉诺威工业博览会展示的智能机器人。

通过信息技术的应用实现智能制造。

当前，我国正处在从科技大国向科技强国迈进的关键阶段，科技发展喜忧参半。喜的是，我国科技整体水平大幅提升，我们完全有基础、有底气、有信心、有能力抓住新一轮科技革命和产业变革的机遇，乘势而上，大展宏图；忧的是，我国原始创新能力还不强，创新体系整体效能还不高，科技创新资源整合还不够，科技创新力量布局有待优化，科技投入产出效益较低，科技人才队伍结构有待优化，科技评价体系还不适应科技发展要求，科技生态需要进一步完善。目前在世界科技大国的方阵中，美国依然全面领先，德国、英国等处于第二方阵，我国仍排在 10 位之后。据有关机构统计，在全球顶尖科学家分布中，美国以 50% 的比例占有绝对优势，德、英为 15%，我国仅为 5.4%。

科技创新已经成为我国未来发展的关键所在。人类科技史反复证明，科学技术是第一生产力，是推动经济社会发展的决定性因素。有的国家生产一张正版光盘，价格高达几万元乃至几百万元，相当于一座工厂一年的利润，而且可以不断复制，可见科技蕴藏的价值无法估量。面对国际创新格局的时与势，我们没有退路只能向前，在风起云涌中占据主动、谋得先机，破解当代中国的"李约瑟之谜"。正因为如此，党的十九届五中全会对坚持创新驱动发展、全面塑造发展新优势进行全面部署，强调坚持创新在我国现代化建设全局中的核心地位，把科技自

硬核知识

李约瑟之谜

李约瑟之谜，是 1954 年英国生物化学家和科技史学家李约瑟在其著作《中国科学技术史》中提出的一个疑问。他认为，从公元前 1 世纪到公元 15 世纪的漫长岁月中，中国人在应用自然知识满足人的需要方面曾经胜过欧洲人，那为什么近代科技革命没有在中国发生呢？李约瑟关于近代以来中国科技落后的思考，引发了世界各国的关注和讨论，这一疑问也被称为"李约瑟难题"。图为 1964 年毛泽东同志接见来访的李约瑟夫妇。

立自强作为国家发展的战略支撑，加快建设科技强国。这是适应世界科技发展趋势的长远之计，也是基于我国发展阶段的治本之策。

二 加快攻克"卡脖子"技术

在古希腊神话中，有一位名叫阿喀琉斯的英雄，传说他刀枪不入、所向无敌，但身上有一个"死穴"——脚后跟，是最脆弱的地方。在特洛伊战争中，知道阿喀琉斯弱点的对手，用

直播实录

我国建成全球最大 5G 网络

　　截至 2020 年年底，我国已完成 70 余万座 5G 基站建设，约占全球总数的 70%，5G 终端连接数突破 2 亿，约占全球 87%。我国已经建成全球范围内覆盖最广、基站数目最多的 5G 网络，处于世界领先水平。5G 技术的广泛应用，加速数字中国和智慧社会建设，为中国经济发展注入新动能。左图为在社区进行物流配送的 5G 无人配送车；右图为生产电梯的智能制造车间。

箭射中了他的脚后跟，导致阿喀琉斯身亡。后来，人们用"阿喀琉斯之踵"来说明一个道理：再强大的人和事物，如果存在致命的弱点，也容易被击垮。

　　"卡脖子"技术就像"阿喀琉斯之踵"，制约着我国这个经济大块头的发展。那么，何谓"卡脖子"技术？这是一个形象的说法，指的是别人有但自己还没有的关键核心技术，缺了它就没法运转和替代，就像被人扼住了咽喉、卡住了脖子一样难受。从当前我国科技领域的情况看，"卡脖子"的现象还比较突出，对外技术依存度仍然较高，部分关键元器件、零部件、原材料几乎全部依赖进口。以手机产业为例，我国生产了全世界 3/4 的手机，但手机芯片自给率较低。

关键核心技术是我们最大的命门，由于自己不掌握，即使能买到也得付出巨大的代价。我国不得不将每部国产手机售价的 20%、数控机床售价的 20%—40% 拿出来向国外支付技术使用和专利费用。更何况，有的技术花多少钱也买不来。比如，制造芯片的光刻机，目前该领域的"龙头老大"是荷兰阿斯麦尔（ASML）公司，几乎垄断了整个高端光刻机市场。由于美国主导的《瓦森纳协定》的限制，中国只能买到阿斯麦尔的中低端产品，出价再高也无法购得高精密光刻机，这成为我国高端芯片制造的剜"心"之痛。

弹幕屏语

➤ 甘坐冷板凳只为当自强，十年磨一剑修炼"中国芯"。

➤ 一部中国近现代科技史就是一部中国自强史，前有师夷长技以制夷，后有"勒紧裤腰带"也要搞出原子弹，今有以举国之力突破关键核心技术。

➤ "卡脖子"低声下气，"啃硬骨"一鼓作气，"破瓶颈"扬眉吐气。

➤ 创新从来都是九死一生，但愚公移山终有成功一日，狭路相逢勇者胜。

➤ 科技的高峰有待我们不断探索和攀登，道路可能曲折，前途必定光明。

我国数控机床国产化率进一步提升

数控机床是装备制造业的工作母机，是衡量一个国家装备制造业发展水平和产品质量的重要标志。近年来，我国已经连续多年成为全球最大的数控机床装备生产国、消费国和进口国，数控机床国产化率进一步提升。其中，低档数控机床国产化率最高，从 65% 增长到 82%；其次是中档数控机床，国产化率从 45% 增长到 65%；然后是高档数控机床，国产化率从 2% 增长到 6%。图为山东威达重工技术人员在调试机床设备。

要改变这种状况，必须更强调自主创新，充分发挥国家作为重大科技创新组织者的作用，坚持战略性需求导向，确定科技创新方向和重点，全面加强对科技创新的部署，集合优势资源，有力有序有效推进创新攻关的"揭榜挂帅"体制机制，加强创新链和产业链对接，不断闯关夺隘、攻城拔寨，啃下一个个"硬骨头"，实现高端技术水平的整体跃升。

关键领域突破。目前，我国高端技术领域面临许多迫切需要破解的难题。比如，少数高端蔬菜种子，生猪、白羽肉鸡畜禽核心种源依赖进口，部分工业的关键核心技术自给率较低，油气勘探开发和新能源发展不足，生物医药和医疗设备等领域缺少原创性突破，等等。这些都是关系国计民生的大事，必须抓紧推进、着力解决。高端芯片依赖进口一直是我们的"心头之患"，近年来我国不断加大自主研发力度，取得明显进展。

基础研究孵化。基础研究是科技创新的源头，决定着科技创新的活力和动力。一般来说，从基础研究到实际应用有很长的距离，但基础研究不扎实，科技创新很难取得大的突破。我国面临的很多"卡脖子"问题，根子是基础理论研究跟不上，源头和底层的东西没有搞清楚。尤其有些"卡脖子"技术，不是一下子就能搞出来的，需要长期的技术积累。国家正在抓紧制定实施基础研究十年行动方案，重点布局一批

直播实录

我国天问一号探测器成功着陆火星

2021年5月15日7时18分，天问一号探测器成功着陆火星乌托邦平原南部预选着陆区，我国首次火星探测任务着陆火星取得成功。这是我国火星探测史上的一个历史性时刻，因为它意味着我国成为继美国、俄罗斯之后，第三个实现登陆火星的国家。图为天问一号探测器着陆火星表面模拟图。

基础学科研究中心，支持有条件的地方建设国际和区域科技创新中心。特别是通过实施一批国家重大科技项目，组建一批国家实验室，建设有特色高水平的大学和科研院所，从而不断提高原始创新、集成创新的整体水平，力争取得一大批突破性乃至颠覆性技术研究成果。

各方合力攻关。"卡脖子"技术大都具有投入高、耗时长、难度大的特点，仅靠单方面的力量很难短时间见效，必须调动全社会的力量来共同参与。我国有集中力量办大事的制度优

直播实录

国家实验室

国家实验室是体现国家意志、实现国家使命、代表国家水平的国家核心战略科技力量，是突破型、引领型、平台型一体化的大型综合性研究基地，开展战略性、前瞻性、基础性科技创新，为实现科技自立自强、建设世界科技强国提供重要支撑。2021年5月，习近平总书记在两院院士大会、中国科协十大上强调，国家实验室要按照"四个面向"的要求，紧跟世界科技发展大势，适应我国发展对科技发展提出的使命任务，多出战略性、关键性重大科技成果，并同国家重点实验室结合，形成中国特色国家实验室体系。图为山东青岛海洋科学与技术试点国家实验室。

科技创新 2030—重大项目

科技创新 2030—重大项目，是我国在已有国家科技重大专项的基础上，面向 2030 年部署的一批体现国家战略意图的重大项目。充分发挥社会主义市场经济条件下新型举国体制优势，瞄准人工智能、量子信息、集成电路、生命健康、脑科学、生物育种、空天科技、深地深海等前沿领域，实施一批具有前瞻性、战略性的国家重大科技项目。图为贵州贵阳大数据应用展示中心"时空隧道"。

势，在过去完成重大任务、建设重大工程、攻克重大难关中都得到充分体现。在"卡脖子"技术攻坚战中，也必须发挥新型举国体制优势，发挥好重要院所高校国家队作用，推动科研力量优化配置和资源共享，提高创新链整体效能，形成各尽其能、协同推进的强大合力。

当然，我们强调自立自强，并不是要关起门来研发、一切从头开始，而是要分清哪些技术可以搞好引进消化吸收再创新，哪些技术必须靠自主研发、自主发展。关键是要树立效果导向，花最小的代价取得最大的收益，在最短的时间内突破瓶颈，在攻克"卡脖子"技术上取得实质性进展。

三 全面塑造发展新优势

2020 年 11 月 24 日，海南文昌航天发射场，我国用长征五号遥五运载火箭发射嫦娥五号探测器，将其送入预定轨道；

12 月 1 日，嫦娥五号探测器在月球正面预选区域着陆并开展采样工作；

12 月 17 日，内蒙古四子王旗，嫦娥五号返回器携带月球风暴洋的约 1731 克"土特产"安全着陆。

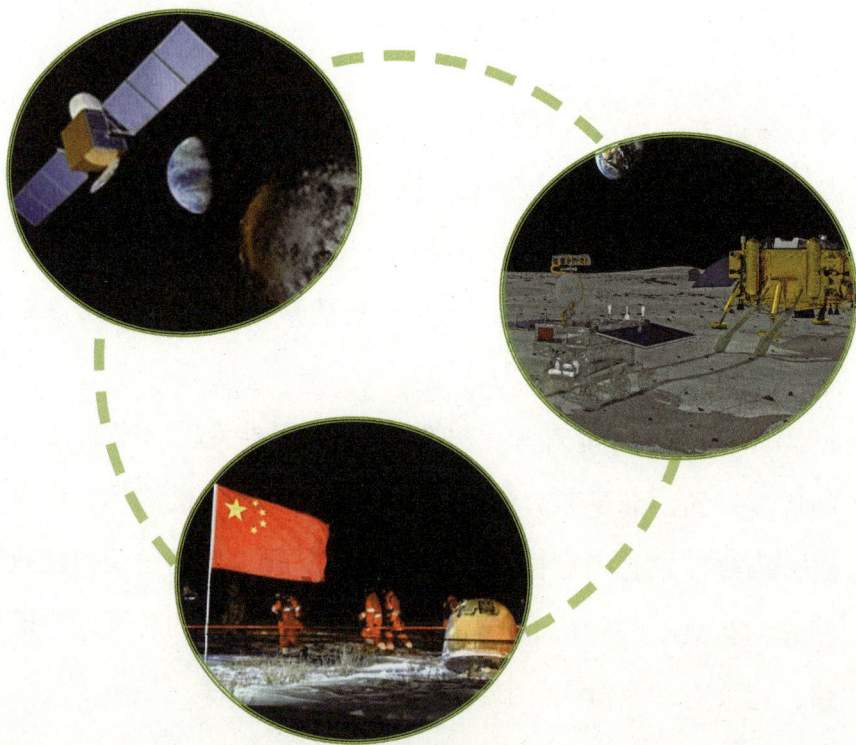

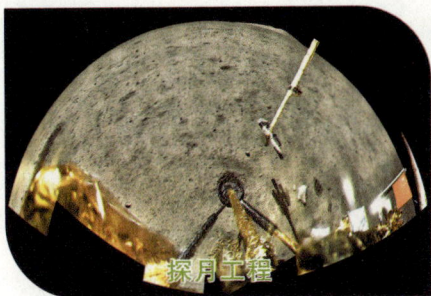
探月工程

北斗三号

"奋斗者"号

蓝鲸2号

  经历了"绕、落、回"等一系列惊险动作，嫦娥五号顺利完成了历时 23 天的"奔月之旅"，首次实现了我国地外天体采样返回。这标志着中国航天向前迈出了一大步，将为深化人类对月球成因和太阳系演化历史的科学认知作出贡献。

  近年来，我国科技创新领域亮点频出、精彩纷呈：探月工程六战告捷、北斗三号成功组网、"奋斗者"号成功坐底、蓝鲸 2 号稳扎深海……"可上九天揽月，可下五洋捉鳖"的豪情壮志已经变为现实。站在"十四五"的新起点上，必须把创新驱动摆在更加突出重要的位置，面向世界科技前沿、面向经济主战场、面向国家重大需求、面向人民生命健康，在强化国家战略科技力量的同时，进一步在企业作用、人才活力、体制机

105

什么是"6个90%"？

答："6个90%"是对深圳科技创新特点的概括，具体是指，90%以上的创新型企业是本土企业、90%以上的研发机构设立在企业、90%以上的研发人员集中在企业、90%以上的研发资金来源于企业、90%以上的职务发明专利出自企业、90%以上的重大科技项目发明专利来源于龙头企业。在深圳，企业创新主体地位的牢牢确立，有效解决了科研与生产"两张皮"的问题，为这座活力之城创新发展提供了无限潜能。图为广东深圳企业柔宇科技生产的折叠柔性显示屏。

制上发力，全面塑造发展新优势，使中国科技创新的巨轮扬帆远航。

企业"领航"担主力。恩格斯曾说："社会一旦有技术上的需要，这种需要就会比十所大学更能把科学推向前进。"企业对市场最敏感，既是市场经济的主体，也是创新活动的主体。从科技发展史看，对世界发展有重大影响的科技创新，很多都来自企业。比如，杜邦公司的尼龙、东芝公司的笔记本电脑、苹果公司的智能手机。从我国实践看也是如此，深圳成为全国乃至世界的创新高地，其背后的奥秘就在"6个90%"，企业发挥了至关重要的作用。强化企业创新主体地位,必须促进技术、人才、资金等创新要素向企业集聚,形成一批核心技术能力突出的创新型领军企业,培育出若干掌握产业"专精特新"技术的隐形冠军企业,发展出大量活跃的科技型中小微企业群体。

人才"助航"激活力。在科技人才的培养上有一个著名的"钱学森之问",说的是按照过去的培养模式,我国很难"冒"出顶尖人才。近些年来,这种状况有了一定改善,涌现出一大批能担重任的科技人才,但我们在人才评价体系、激励保障机制、分类分层培养等方面还存在一些问题。科技人才的培养涉及科技、教育、人社、财政等多部门,关系高校、科研院所、企业等多主体,必须进一步增强改革的系统性、整体性、协同性,加强部门、地方统筹协调,推动科技人才培养政策落实、落细、落准,真正见到成效。

制度"护航"增动力。科技创新和体制机制创新好比车之两轮,"双轮驱动"才能行稳致远。制度创新就是要改变与科技创新不相适应的体制机制,形成有利于科技创新的激励机制和评价机制。目前,我国科技创新处于从量变到质变跃升的重要时期,新形势下的科技创新体制机制改革既要适应这一重要阶段特征,也要满足内外部环境变化的新要求,推动科技创新力量布局、要素配置进一步体系化、建制化、协同化,提升国家创新体系整体效能。

马克思曾说:"在科学上没有平坦的大道,只有不畏劳苦沿着陡峭山路攀登的人,才有希望达到光辉的顶点。"在实现科技自立自强的前路上,必定会横亘着一条条沟壑,耸立着一座座高峰,只要我们坚定信心、砥砺奋进,时不我待、只争朝夕,就一定能够战胜一切艰难险阻,勇攀科技高峰,把我国建设成为让世界惊艳的科技强国。

特别阅读

1. 习近平:《努力成为世界主要科学中心和创新高地》,《求是》2021 年第 6 期。

2. 习近平:《在中国科学院第二十次院士大会、中国工程院第十五次院士大会、中国科协第十次全国代表大会上的讲话》,《人民日报》2021 年 5 月 29 日。

扫一扫

8 阡陌乡间大可为
——农业农村现代化如何推进？

消除贫困，是千百年来中华民族梦寐以求的夙愿。党的十八大以来，我们党团结带领人民在 960 多万平方公里的土地上，向贫困宣战，打响了一场"当惊世界殊"的人民战争。经过 8 年鏖战，我们如期完成了脱贫攻坚目标任务，让现行标准下近 1 亿农村贫困人口全部实现脱贫，使长期困扰中华民族的绝对贫困问题历史性地画上了句号，我国成为世界上提前 10 年实现联合国 2030 年可持续发展议程减贫目标的国家。这个成就，足以在中华民族发展史上矗立起一座耀眼的丰碑，足以载入人类社会发展史册。

脱贫攻坚的伟大胜利，彻底改变了贫困地区的面貌，提高了群众生活质量，为推进农业农村现代化打下了坚实基础。如何在此基础上优先发展农业农村，全面推进乡村振兴，是"十四五"乃至更长时期做好"三农"工作的头等大事，是全面建设社会主义现代化国家的重大任务。

一 "三农"问题破解之道

民以食为天，农为食之源。农业，为人类提供最基本的生产生活资料，是我们赖以生存和发展的根基。在近代以前的很长时间里，无论是东方还是西方，农业都是孕育文明的母体。即使到了今天，社会分工和文明进步已经到了较高水平，农业仍发挥着最基础的支撑作用，其地位不可替代。

云端答疑

什么是"三农"？

答："三农"，就是农业、农村、农民。"三农"问题在我国作为一个概念提出是在 20 世纪 90 年代中期，此后逐渐被广泛引用。我国作为一个农业大国，"三农"问题关系国民素质、经济发展，关系社会稳定、国家富强、民族复兴。

我国是传统农业大国，大部分国土处于温带，比较适宜农作物生长。自古以来，农业一直是我国国民经济的命脉，是安天下的战略产业。长期以来特别是改革开放以来，我们党始终高度重视"三农"问题，将其作为治国理政的重中之重,并且采取一系列强有力的措施解决"三农"问题,使农业农村面貌得到显著改善,使农民生活水平大幅提高。

但总的看,同快速推进的工业化、城镇化相比,农业农村仍是社会主义现代化建设的突出短板。如果农业农村现代化搞不上去,不仅会影响数亿农民的生活质量,也会拖工业化、城镇化和整个国民经济的后腿。习近平总书记强调,没有农业农村现代化,就没有整个国家现代化。农业农村现代化进程,关系新时代破解"三农"问题的成效,关系社会主义现代化目标的实现。

现阶段,我国已经具备了加快农业农村现代化的基本条件和能力。目前,我国总体处于工业化后期阶段,人均GDP突破1万美元,工业化水平综合指数大于80,预计2025年达到最大值100。2020年,全国第二、第三产业增加值占GDP的比重上升至92.3%,非农业劳动就业人数份额约为80%,常住人口城镇化率达到63.9%。这组数据表明,我国不仅到了可以不主要依赖农业实现经济增长的

云端答疑

什么是城镇化和城镇化率?

答:城镇化通常是指农村人口不断向城镇集聚或者转化为城镇人口的过程。城镇化率是城镇化的度量指标,指的是城镇人口占总人口的比重。党的十八大以来,我国新型城镇化建设取得了重大历史性成就,农业人口加快融入城市,城镇化不断发展,城镇化率显著提高。

美丽乡村掠影

江西万载

湖北郧阳

云南罗平

重庆万盛

西藏察隅

阶段，而且还可以用以工补农、以城带乡的方式，支持农业实现生产方式转型，提升农村整体发展水平，从而推动农业农村现代化，促进农业高质高效、乡村宜居宜业、农民富裕富足。

那么，究竟什么是农业农村现代化？当前，对于这一概念存在着不同的理解。有的把它视为农业现代化的延伸拓展，也有的把它等同于农业现代化和农村现代化的简单相加，还有的把它看成是"三农"的现代化。根据党的十九大和十九届五中全会精神，农业农村现代化是农业现代化和农村现代化的有机融合，其含义内蕴在产业兴旺、生态宜居、乡风文明、治理有效、生活富裕的总要求之中。

准确把握农业农村现代化的科学内涵，就是要坚持农业现代化与农村现代化一体设计、一并推进。实现现代化，短板在农业，难点在农村。2020年，我国农业科技进步贡献率突破60%，农作物耕种收综合机械化水平超过70%，农业生产方式已经实现了由"牛耕马拉"为主向机械化作业为主的历史性跨越。与农业现代化发展相比，

弹幕屏语

- 农民富则国家强，农业兴则百业旺，农村靓则山川丽。
- 一号文件干货满满，支农政策实惠多多，农业农村前景朗朗。
- 脱贫攻坚捷报传，乡村振兴再接力，希望田野分外香。
- 美丽乡村新天地，干事创业大舞台，乡愁亲情安放处，民俗文化百乐园。
- 有田有地有楼住，不如新型农民有技术。

农村发展明显滞后的问题尤为突出。正因为如此，我们党提出了农村现代化的任务，并将其与农业现代化一并作为实施乡村振兴战略的总目标。只有两者同步推进、相得益彰，才能实现由农业大国向农业强国跨越，让亿万农民共享国家现代化的发展成果。

二　优先发展农业农村

"中央一号文件"，顾名思义，就是由中共中央、国务院每年发布的第一号文件，部署的都是关系国计民生的头等大事。

山东青岛以"六新"推进渔业产业转型升级

山东省青岛市落实"海洋攻势"部署，在渔业发展新方向、渔业养殖新技术、智慧渔业新产业、海洋牧场新业态、渔业养殖新模式、品牌推介新路径"六新"上做好渔业产业转型升级的大文章，着力打造环境友好型、质量效益型、创新引领型、统筹发展型海上粮仓，引领渔业高质量发展。图为该市近海的海洋牧场。

2004 年至 2021 年，"中央一号文件"连续 18 年锁定"三农"，对加快农业农村发展、促进农民增收作出部署。2021 年 1 月发布的"中央一号文件"，对全面推进乡村振兴、加快农业农村现代化进行了顶层设计和谋划。这一份份干货满满的"央字号"文件，犹如阵阵春雨，滋润着农村大地的广袤田野，催发了农业生产的勃勃生机。

重农固本是安民之基、治国之要。我们要建设的社会主义现代化国家是 14 亿多人的全面现代化，如果把农村数亿人口落下，到头来"一边是繁荣的城市、一边是凋敝的农村"，这样的现代化是不可能取得成功的。因此，在开启全面建设社会主义现代化国家新征程上，必须坚持农业农村优先发展总方针，抓紧在产业发展、乡村建设、农村改革等方面补齐短板，推动农业全面升级、农村全面进步、农民全面发展。

提质增效进行时。新中国成立以来特别是改革开放以来，我国农业生产力不断提高，用不到世界 10% 的耕地养活了全球 18% 的人口。但随着生活水平的提高，人们在"吃饱"需求满足后开始注重"吃得好""吃得健康"，我国农业的主要矛盾已由总量不足转变为结构性矛盾，质量和效益不高的问题凸显出来。这就需要按照高质量发展的要求，守牢国家粮食安全底线，推进农业供给侧结构性改革，加快农村一二三产业融合发展，大幅提高农业质量效益和竞争力。

乡村建设在行动。一碗水、一抔土、一条河、一座山、一生情……乡愁是无数异客挥之不去的情愫，乡村是万千游子魂牵梦萦的故土。乡村建设就是要打造一个望得见山、看得见水、记得住乡愁的宜居之地。围绕这一目标，必须坚持科学规

直播实录

安徽绩溪打造诗意乡村

安徽省绩溪县在推进乡村振兴进程中，践行"绿水青山就是金山银山"理念，使乡村美景如诗如画，村民往来劳作，犹如在画中穿行。图为该县氤氲雾气笼罩下的古村落龙川村。

115

2020年我国新建成高标准农田8391万亩

2020年，我国高标准农田建设取得积极进展，建成高标准农田8391万亩，高效节水灌溉2395万亩，超额完成年度目标，进一步提升我国粮食保障能力。2021年，我国将完成1亿亩高标准农田和1500万亩高效节水灌溉建设任务，同时抓好新建项目建设全程质量管理，确保建成一亩、管好一亩。图为河南省浚县高标准小麦田。

划、有序推进，全面改善农村生产生活条件，提升乡村公共服务水平，培养造就一批致富带头人，让乡村成为"既容得下身体又装得下灵魂"的美丽家园。

农村改革再出发。改革是促进农业农村发展的重要法宝。改革开放之初，正是安徽省小岗村18位农民在生死状上按下红手印，掀开了农村改革的序幕，才使亿万农民积极性得到极大释放，在自己承包的土地上干劲十足。40多年过去了，社会主义市场经济的广度和深度不断拓展，城乡关系发生了巨大变化。新时代推进农业农村现代化，也必须通过深化农村改革，进一步激活农村资源要素，破除制约农业农村发展的制度障碍，激发强劲内生动力。

三 新型工农城乡关系

农村和城市，都是人类聚居生活的主要场所，是社会发展的必然结果。城市从农村演化而来，它们具有天然的共生关系，只是在一定条件下出现了分离，但最终必然走向融合。著名社会学家费孝通先生曾说过，各美其美，美美与共。这句话用在城乡关系上也非常恰当，两者就应该是这样一种相得益彰、相映成趣的关系。

由于历史原因，长期以来，我国实行二元发展模式，以剪刀差的形式以农养工、以乡养城，在工农城乡之间形成了一道

剪刀差

剪刀差，是指工农业产品交换时，工业品价格高于价值，农产品价格低于价值所出现的差额。这种现象因用图表表现时呈剪刀张开形态而得名。在新中国成立后很长的一段时间里，因大力发展工业的需要，以压低农产品价格来支持工业发展。近些年来，我国实行工业反哺农业、城市支持农村的一系列政策，就是为了缩小城乡差距。图为农户将粮食卖到收购点。

发展鸿沟。这些年来为缩小工农城乡差距，党和政府采取一系列重大举措促进农业农村发展。比如，废除农业税、直接补贴农业、建设社会主义新农村、建立新型农村社会保障制度、脱贫攻坚、改善农村基础设施等，使工农城乡发展不平衡的状况得到缓解。

同时也要看到，我国农业结构性矛盾日益凸显，农村基础设施和公共服务仍然薄弱，农民增收速度放缓，工农城乡"一条腿长、一条腿短"的问题比较突出。必须进一步加大统筹工农城乡发展力度，加快建立以工补农、以城带乡的长效机制，推动形成工农互促、城乡互补、协调发展、共同繁荣的新型工农城乡关系。

工农互促"双和声"。按照国际上通用的产业分类法，农业和工业被称为第一、第二产业，在国民经济中占据主导性和基础性地位。两者互为支撑、互为补充，是不可分割的整体。目前，我国正处于新型工业化、信息化、城镇化和农业现代化同步发展的过程中，工业为农业提供生产装备、技术支撑，农业供给工业原材料、劳动力。过去，我国以压低农产品的价格来补贴工业，现在更多的是工业反哺农业，从而形成工业和农业良性发展的局面。

城乡互补"二重唱"。马克思在《政治经济学批判（1857—1858年手稿）》中，从城乡关系角度对人类社会各阶段特征作了高度概括。他认为，城乡关系演变的趋势是从无差别到对立，最后走向融合。从人类社会发展历史看，处理好城乡关系是一个国家发展必须要迈过的"门槛"。比如，20世纪70年代初的韩国，城乡之间的发展矛盾比较突出。1970年，250万农户中约有80%住茅草屋，很多地方没有通电通路，城市和农村生活有着天壤之别。随后，韩国发起了轰轰烈烈的"新村运动"，采取一系列措施加快农村发展，到20世纪80年代末，农村居民生活水平已基本同城市持平，为韩国跨入中等发达国家行列奠定了坚实基础。当前，我国正在全面实施乡村振兴战略，目的就是要消除城乡之间的发展藩篱，形成优势互补、取长补短的发展格局。

协调发展"合奏鸣"。现在，我国工业化、城镇化快速推进，城镇化率不断提高，但在今后很长时间里，仍将有几亿人生活在农村。必须坚持城市建设和农村发展协同推进，既要把

直播实录

河北晋州农旅融合助力乡村振兴

近年来，河北省晋州市大力建设生态宜居的美丽乡村，发展生态休闲观光农业和乡村旅游，因地制宜打造多个农旅融合综合体，为游客提供观光、休闲、教育和娱乐等服务。图为游客在该市采摘观光园游览。

浙江安吉大力发展智慧农业

浙江省安吉县笔架山农业高新区加快推进农业现代化升级，采用智能化设施和先进栽培技术，极大提升农产品附加值、延伸产业链，提升了农业生产效益，拓宽了农民增收渠道。图为该县技术人员在种植基地里作业。

城市建设好，又要让农村焕新貌。一方面，积极推动新型工业化、城镇化建设，提升城镇综合承载能力，提高城镇化的质量和水平，发挥城市对农村的辐射和带动作用；另一方面，大力推进农业农村现代化，持续改善农村基础设施，提升农村人居环境，让农民兄弟事业有奔头、生活有甜头。

共同繁荣"谱新曲"。国家的强盛既离不开城市的繁荣，也离不开乡村的振兴。尤其对于我们这样一个有着 14 亿多人口的大国来说，能否处理好工农关系、城乡关系，直接决定着社会主义现代化的成色和质量。我国在 2035 年基本实现社会主义现代化远景目标中提出，人均 GDP 要达到中等发达国家水平，城乡区域发展差距和居民生活水平差距显著缩小。到那时，一派工业和农业比翼齐飞、城市和农村携手共进的和谐景象将展现在世人面前。

四　增强内生发展能力

荒山秃岭、怪石盘亘，河道断流、重山阻隔。这就是云南省西畴县过去的自然环境状况，99.9%的山区、75.4%的石漠化，一个被外国地质专家称为"基本失去人类生存条件的地方"。为了改变贫穷落后的面貌，从20世纪90年代开始，西畴人不等不靠、苦干实干，一镐镐、一锤锤，硬生生地把乱石旮旯变成了满目苍翠。特别是党的十八大以来，西畴人立足本地生态环境特点，大力发展猕猴桃、柑橘、中药材种植等高原特色农业，把昔日的生态劣势逐步转化为产业优势，闯出了一条在石窝窝里创造奇迹的致富之路。

西畴人改变命运带给我们的最大启示，不仅在于脱贫摘帽的成果，更在于他们依靠自身获得持续发展动力的做法。到

今昔
对比

西畴生态环境整治前后

2020 年年底，全国数百个贫困县像西畴一样实现了脱贫摘帽，正迈步在乡村振兴的新征程上。如何实现巩固拓展脱贫攻坚成果同乡村振兴的有效衔接？这是一项艰巨而系统的工程，需要明确和细化相关任务。但从贫困地区的角度看，增强内生发展动力和能力是解决这一问题的治本之策。

产业实力强。"产业兴百业兴。"发展产业是增强一个地区"造血"功能、帮助群众就地就业的长远之计。每发展好一个产业，就能带动一方经济，富裕一方百姓。发展产业切忌盲目跟风，搞"大呼隆"，应充分考虑当地自然资源、生态环境、土地、劳动力、资本等要素禀赋结构和经济特征，坚持因地制宜、因村施策，宜种则种、宜养则养、宜林则林。同时，注重规模效应和科技支撑，支持龙头企业、种养大户、农民专业合

直播实录

新疆棉花生产基本实现机械化智能化

作为我国最大的产棉区，近年来新疆引导棉花生产向优势产区集中，生产现代化、智能化、信息化水平逐年提高，植保无人机、打包采棉机、残膜回收机、智能深翻犁地机等广泛应用，全区棉花播种、耕地环节基本实现全程机械化。2020 年新疆棉花产量达 516.1 万吨，占全国棉花总产量 87.3%。图为新疆棉田里收割机器正在大规模采摘棉花。

直播实录

江西金溪高标准建设美丽生态集镇

江西省金溪县把建设美丽生态集镇作为乡村振兴的"重头戏"，积极推进规划引领、宣传发动、多方筹资、创新管理等工作举措，建设了一批设施齐全、功能完善、环境优美、产业兴旺、宜居宜游的美丽生态集镇，促进了乡村高质量发展，为乡村振兴提供了强力支撑。图为该县对桥镇集镇街景。

作社等快速发展，加快传统产业数字化、智能化转型，不断增强产业抵御市场风险能力和竞争优势。

市场潜力大。市场决定生产要素的流向，把市场打开了、搞活了，老百姓的致富路子就通了、就宽了。做大市场规模，不仅要把本地市场利用好，而且要瞄准国内大市场甚至是国际市场，推动生产要素平等交换、双向流动，在最大范围和空间内优化资源配置，拓宽本地商品销售渠道。打通市场流通的堵点，特别是主动适应信息网络技术的迭代发展，健全仓储保鲜冷链物流体系，弥补市场基础设施建设的不足，充分利用好电子商务、现代物流等手段，让本地商品更为便捷、更为畅通地到达消费者手中。

人才活力旺。"功以才成，业由才广。"乡村振兴能否实现，关键在人。从这些年脱贫攻坚的经验看，致富带头人在乡村发展中起到了"领头羊"的作用，一个村有一个"种粮大户""养殖大王"，就能蹚出一条路、带富一帮人。加大扶持力度，在贷款融资、技术指导、项目安排、政策优惠等方面提供帮助，激发他们干事创业的热情和劲头。普通农民群众是乡村振兴的主力军，不仅要"授之以鱼"，更要"授之以渔"。着眼提高农民素质和技能，聚焦产业和就业需求，加大教育培训力度，培养一批爱农业、懂技术、善经营的"土专家""田秀才""乡创客"。农业农村部数据显示，2020 年全国高素质农民总量超过 1700 万人。

文化动力足。"弱鸟先飞、滴水穿石"的闽东精神、"吃苦耐劳、一往无前"的蒙古马精神、"苦熬不如苦干，等不是办法、干才有希望"的西畴精神……这些弥足珍贵的精神，激励我们奋力打赢脱贫攻坚战，成为当代中国精神谱系的重要内容。全面推进乡村振兴，也必须发挥精神文化的引领作用。大力弘扬自力更生、艰苦奋斗、劳动光荣、勤劳致富的思想观念，用社会主义核心价值观涵养乡风家风民风，通过先进典型宣传、榜样示范引导和完善正向激励等机制，鼓励积极向上的进取精神。同时，下大气力改变落后的风俗习惯，破除封建迷信和陈规陋习，发挥乡规民约等的约束和规范作用，倡导现代文明理念和生活方式，营造和谐良好的文明新风。

农业丰则基础稳，农民富则国家强，农村美则社会好。推进农业农村现代化，是亿万农民过上美好生活的必由之路，是实现中华民族伟大复兴的强劲动力。放眼希望的田野，乡村振兴前景广阔、大有可为。可以想见，在不久的将来，我国农村处处都是金灿灿的丰收景象，家家都是笑盈盈的幸福生活。

特别阅读

扫一扫

1.《中共中央国务院关于全面推进乡村振兴　加快农业农村现代化的意见》，人民出版社2021年版。

2.《中华人民共和国乡村振兴促进法》，《人民日报》2021年5月20日。

彩云长在有新天

——国家文化软实力如何提高？

9

　　阿木爷爷，凭借精湛绝伦的榫卯工艺，迅速在网络上圈粉无数。他不用一根钉子、一滴胶水，靠着榫与卯之间的咬合支撑，就能做出鲁班凳、苹果锁、将军案和拱形桥等精致木器，不仅让国人大饱眼福、啧啧称奇，也让许多外国人大开眼界、叹为观止。在美国最大视频网站YouTube上，他的粉丝量达到100多万，引发4000多万条热议，视频总观看量超过2亿人次。近年来，不只是阿木爷爷，还涌现出李子柒、滇西小哥等一大批超级"UP主"，他们通过不同的方式把中华传统文化"安利"给世界，使越来越多的外国人为中华文化之美所吸引和折服。

阿木爷爷在国外走红，是新时代中华文化走出去的一个符号。当前，中华文化正在以丰富多彩的形式走向世界，打开认识中国、了解中国的窗口，使国家文化软实力得到充分彰显。在全面建设社会主义现代化国家的新征程上，伴随中华民族的伟大复兴，必将迎来我国文化大发展大繁荣，中华文化将以更自信的姿态展现给世界。

一 建设社会主义文化强国

纵观人类文明史，一个国家、一个民族要实现强盛，既需要经济、科技、军事等硬实力作后盾，也需要思想、文化、道德、精神等软实力来支撑。在人类社会发展的很长时间里，国与国之间的较量主要看硬实力的比拼。回顾近代以来的国际政治史，大国的崛起往往都伴随着血与火的较量、刀与枪的对决。

但随着社会的不断发展和进步，人们逐渐认识到，仅靠硬实力难以获得完全优势，国家文化软实力在综合国力的竞争中起到越来越重要的作用。基于此，我们党提出了建设社会主义文化强国的重大战略任务，旨在推动社会主义文化大发展大繁荣，不断提高国家文化软实力，增强中华文化的国际影响和世界认同。站在现代化新征程的历史起点上，只有准确理解和深刻把握建设社会主义文化强国的意义、内涵和方向，才能增强推动文化高质量发展的自觉性和使命感。

上新了！三星堆考古"再惊天下"

　　被誉为"20世纪人类最重大考古发现之一"的三星堆遗址，是四川盆地目前发现的规模最大、等级最高的夏商时期中心性遗址，距今已有5000年至3000年历史。1986年，该遗址出土青铜神像、青铜人像、青铜神树、金面罩、金杖、大玉璋、象牙等珍贵文物千余件。时隔34年，2020年三星堆遗址再次启动发掘，目前已新发现6个古蜀祭祀坑，出土黄金面具、青铜人像、青铜尊、玉琮、玉璧、金箔、象牙等重要文物500余件，被网友称为史上最吸睛的"拆盲盒"。三星堆连续上新，爆出了文物界的"王炸"，对研究我国夏商历史具有重要的参考价值。左图为出土的黄金面具；右图为遗址发掘方舱。

　　那么，建设社会主义文化强国为何重要？"国家之魂，文以化之，文以铸之。"文化是国家富强、民族振兴的重要支撑。中华民族要以崭新的姿态屹立于世界民族之林，经济实力的强大不可或缺，文化力量的彰显也极为重要。近些年来，中国经济快速发展和社会长期稳定这两大奇迹举世公认，但

128

文化的创造力和塑造力相对不足：文化服务贸易逆差情况严重，在国际舆论格局中的话语权不强，西方文化和价值观对年轻一代影响较大……要改变这些状况，建设社会主义文化强国迫在眉睫。

怎样才称得上文化强国？说清楚这个问题，有很多角度和标准，但归结起来主要有两点：一是内容有说服力和感召力，对内能把全体人民团结凝聚起来，对外能得到更多别国民众的认可和接受；二是载体有吸引力和传播力，在文化产品创作、生产、营销、推广和获客等方面拥有强大实力。

社会主义文化强国如何建设？党的十九大分别对到2035年和本世纪中叶文化建设的目标和任务作出了部署。在这个总体框架下，党的十九届五中全会明确了到2035年建成文化强国

弹幕屏语

- 马克思主义真厉害，清除了三座大山、魑魅魍魉；马克思主义了不起，成就了中国奇迹、河清海晏。
- 提升国家文化软实力、吸引力，增强做中国人的硬骨气、浩然气。
- 一个有文化记忆的民族，可以穿梭时空历久弥新；一个有文化自信的国家，必将跨越国界观照世界。
- 那么多老外"种草"中华文化，它怎么就这么好看！
- 只有让"中国style"炫起来、火起来，才能完爆来势汹汹的"日系韩流""欧风美雨"。

的宏伟目标，明确了"十四五"时期建设社会主义文化强国的路线图和任务书。贯彻好党的十九大和十九届五中全会精神，必须围绕举旗帜、聚民心、育新人、兴文化、展形象的使命任务，坚持马克思主义在意识形态领域的指导地位，大力弘扬社会主义核心价值观，促进满足人民文化需求和增强人民精神力量相统一，更好推动中华文化走出去。

二 提高社会文明程度

大战大疫见真金。疫情犹如世道人心的试金石，检验着一个国家的文明程度，考量着一个社会的是非曲直。在我国抗击新冠肺炎疫情的人民战争中，上到百岁老人下至初生婴儿，

每一个生命都得到全力救治，14亿多人团结一心共克时艰，千千万万医护人员、基层干部、社区工作者和志愿者日夜奋战在一线，我们尽己所能为别国抗疫提供帮助……这一个个故事、一幕幕场景直抵人心，让人热泪盈眶。习近平总书记用"生命至上、举国同心、舍生忘死、尊重科学、命运与共"20个字精辟概括的伟大抗疫精神，集中彰显了当代中国昂扬向上的精神风貌和文明底色。

社会文明程度是衡量一个国家现代化水平的基础指标，是其思想观念、精神面貌、文明风尚、行为规范的综合反映，体现着特定社会意识形态的发展水平。党的十八大以来，以习近平同志为核心的党中央高度重视提高社会文明程度，采取一系列重大举措，大力加强社会主义精神文明建设。放眼神州大地，最美人物星光熠熠，善行义举层出不穷，浩然正气充塞天地，民族精神传承弘扬……人间大爱感动中国，汇集成文明进步的时代洪流，积聚起向上向善的磅礴力量，激励着人们朝着社会主义价值高地不断迈进。

俗话说，十年树木，百年树人。加强社会主义文化建设、提高社会文明程度，是一项立心塑人的工作，不可能一蹴而就、一劳永逸，必须久久为功、聚沙成塔，坚持不懈扎实推进。新征程上，提高社会文明程度的要求更加明确，任务更加艰巨。

把牢"定盘星"。马克思主义是中国共产党人的精神旗帜，

习近平新时代中国特色社会主义思想系列学习读物

是立党立国的根本指导思想。习近平新时代中国特色社会主义思想是马克思主义中国化最新成果，是当代中国马克思主义、21世纪马克思主义。学习研究宣传这一思想是提高社会文明程度的首要任务，必须在深化理论武装、加强研究阐释、开展宣传普及、做好对外宣介上下功夫，更好地用党的创新理论指导实践、推动工作、提升形象。抓住领导干部这个"关键少数"，把集中学习和经常性自学结合起来，读原著、学原文、悟原理，真正做到学思用贯通、知信行统一，以浓厚氛围带动全党全社会学习向纵深推进。

提振"精气神"。人无精神则不立，国无精神则不强。唯有精神上站得住、站得稳，一个民族才能在历史洪流中屹立不倒、挺立潮头。社会主义核心价值观犹如高高耸立的灯塔，指引着当代中国精神航船的前进方向。近年来，通过讲坛讲座、公益广告、典型示范和实践活动等丰富多彩的形式手段，推动践行社会主义核心价值观在全社会蔚然成风。构筑精神高地，思想教化的"软要求"固然重要，法律规范的"硬约束"也不可或缺。当前和今后一个时期，思想道德建设的一项重要任务，就是经过几年时间，推动社会主义核心价值观全面融入中国特色社会主义法律体系，用法律的权威保证其内化于心、外化于行。

汇聚"正能量"。当今时代，社会思想日益多元多样多变，在主流价值不断壮大的同时，一些消极的、负面的价值观念也有所滋长。特别是在网络空间，出现了"三观跟着五官走的颜值正义""名媛拼团式的虚荣炫富""为博眼球毫无底线的审丑取向""恶搞一切的泛娱乐化"等不良倾向，一定程度上对主流价值造成了冲击。要遏制和防止这些不良现象的蔓延，必须激浊扬清、扶正祛邪，在督促各级主管部门和互联网企业落实

直播实录

"新风2021"集中行动净化社会文化环境

2021年3月，全国"扫黄打非"工作小组办公室作出为期8个月的"新风2021"集中行动部署，通过"护苗2021"专项行动教育引导青少年、"净网2021"专项行动净化整治网络平台、"秋风2021"专项行动管理维护新闻出版秩序，推动网络空间持续清朗，营造积极向上的社会文化环境。图为执法人员查缴非法出版物。

好相关责任的基础上，弘扬积极健康向上的价值追求，营造风清气正的社会环境和网络空间。

三 满足人民文化需求

2021 年牛年春节档，河南郑州歌舞剧院创排的古典舞《唐宫夜宴》火爆出圈，持续霸屏，吸引了全国乃至全球观众的目光，掀起了现象级国风热潮。它以憨态可掬的人物造型、秀逸婀娜的形体动作、唯美酷炫的舞台设计、欢快悠扬的音乐风格，淋漓尽致地把大唐盛世皇宫筵席的恢弘景象生动再现出来，给人们带来了一场中华优秀传统文化的饕餮盛宴。

近年来，像《唐宫夜宴》这样的爆款作品不是个案，我国文化领域精品力作不断涌现，从大片《金刚川》《你好，李

《唐宫夜宴》

焕英》到热剧《山海情》《觉醒年代》，从"打卡网红地"风潮到"云端游天下"新宠，从知识付费风靡盛行到线上剧场初露端倪……可谓亮点频出、精彩纷呈。据统计，2020年全国制作发行电视剧202部、7476集，年产量高居世界第一，生产电影650部，排名世界第二。文化的繁荣发展，让人们精神生活更加充实丰富。

一个国家人均GDP达到1万美元时，文化娱乐消费需求将出现爆发式增长。从美国的发展看，20世纪70年代末80年代初人均GDP突破1万美元，好莱坞大片、计算机芯片、快餐薯片"美国三片"也迎来大发展时期，不仅大大满足了美国民众的文化需求，也使美国文化的世界影响力与日俱增。当然，文化的发展具有鲜明的意识形态属性，美国的经验不一定对我们适用，但其文化发展阶段、业态等对我们有一定的启示作用。

国家统计局数据显示，2019年我国人均GDP突破1万美

硬核知识

世界诗歌日

每年的 3 月 21 日，被联合国教科文组织定为世界诗歌日，目的是推动诗歌这一优美的文化形式的创作、阅读和出版。2021 年 3 月 21 日是第二十二个世界诗歌日，世界各地举办了形式多样的诗歌主题活动。图为北京市海淀区东升科技园某书店举办世界诗歌日主题活动。

元大关，2020 年达到 1.04 万美元，实现了新的跨越。随着人民收入和物质生活水平的不断提高，人们的精神文化需求也越来越旺盛。从"单向度视听"到"沉浸式体验"，从"上车睡觉下车拍照"的到此一游到"放慢脚步释放身心"的深度畅游，从"喝彩叫好的看客"到"亲身参与的创客"……越来越多的人希望拥有更多层次、更高品质、更具个性的文化生活。党的十九届五中全会顺应人民群众对文化发展的新期待，对提升公共文化服务水平、健全现代文化产业体系作出了新部署，为"十四五"时期加快文化事业和文化产业发展指明了方向。

好作品鼓舞人。作品是文化的载体，蕴含着一定的思想观念和价值导向。但凡传世佳作，必定能穿越时空、跨越国界，富有恒久魅力，给人力量和启迪。一部《论语》短短 1 万多字，不仅奠定了中华文化的根基，塑造了中国人的民族性格和精神气质，而且对东亚、东南亚乃至全世界很多国家的文化也产生了深远影响。据考证，1687 年法国巴黎就用拉丁文翻译了《论语》，并公开出版。法国启蒙思想家伏尔泰在其著作《哲学辞典》中写道，孔子在公元前便教导人们如何幸福地生活。当代中国要做到满足人民群众的文化需求，最根本的就是推出更多称得上"高峰"的精品力作，反映我们这个伟大时代的精神之美。

优服务涵养人。2020 年 6 月，一位湖北农民工在广东东莞图书馆读者留言表上的告别信刷屏了，上了热搜，读后无不为之动容。一座座图书馆、博物馆是一个个文化殿堂，也是老百姓身边的精神家园。截至 2020 年年底，全国共有备案博物馆 5788 个，美术馆 559 个，公共图书馆 3203 个，

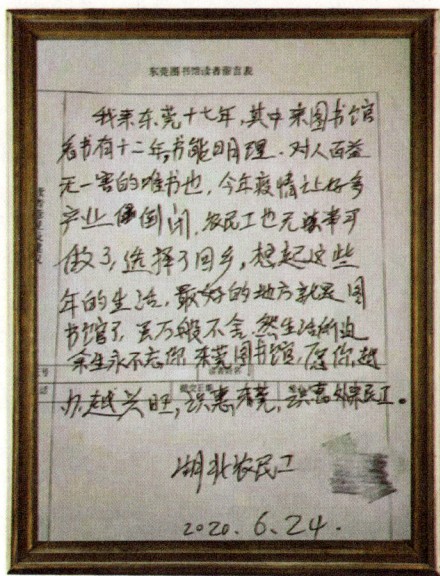

文化馆 3327 个，基层综合性文化服务中心 56 万多个，广播、电视节目综合人口覆盖率分别达 99.4%、99.6%。目前，我国已经初步建成覆盖城乡的公共文化设施网络，把群众的文化生活装扮得越来越丰富多彩，让广大群众尽情享受着文化雨露的浸润。

河北井陉多举措激活文化和旅游资源

河北省井陉县结合当地丰富的古村落文化和旅游资源，建成一批特色传统小镇，通过建设美丽乡村旅游度假区、提升旅游公共服务设施、探索市场化运作等方式，丰富了乡村旅游业态，不仅美化了乡村，也提升了文化产业的竞争力。图为游客在该县古村落游玩。

强产业愉悦人。保障人民基本文化权益靠公共文化服务，满足人民多样化、高品位的文化需求，还得发展文化产业。近年来，我国文化产业持续健康发展，已经成为国民经济名副其实的支柱产业。发展文化产业，不仅要看经济效益，更要看社会影响。坚持把社会效益放在首位、社会效益和经济效益相统一，大力发展"叫好"又"叫座"的文化产业，不断扩大优质文化产品供给。坚持以文塑旅、以旅彰文，推动文化和旅游融合发展，让人们在领略自然之美中感悟文化力量。

文化，一个国家、一个民族的血脉和灵魂。它是历史的纽带，贯通着过去、现在和未来；它是民族的记忆，联接着先贤、吾辈和后人。我们走在文化强国的大道上，吮吸着5000多年中华优秀传统文化的深厚养分，沐浴着新时代中国精神的灿烂阳光,必将迎来社会主义文化建设的新高潮,让中华文化在世界文明星空中大放异彩。

特别阅读

扫一扫

1.习近平:《在教育文化卫生体育领域专家代表座谈会上的讲话》,《人民日报》2020年9月23日。

2.习近平:《论党的宣传思想工作》,中央文献出版社2020年版。

海纳百川千帆竞

——合作共赢新局面如何开拓？

10

 2020 年 11 月，中外联合制作的 35 集新媒体系列纪录短片《相遇在中国》在全网上线播出，引发了国内外观众的广泛关注和热议。该片用一个个精彩生动的瞬间、一份份真挚深厚的感情、一段段为人称道的佳话，讲述了 35 组中外人士相识相知相交的人生故事，让人心生感慨，回味悠长。一滴水能够折射太阳的光辉，千千万万中外人士友好交往的涓涓细流，汇聚起中国融入全球化的滔滔江水，朝着中国与世界各国合作共赢的蔚蓝大海奔涌而去。

当今世界，尽管和平与发展的时代主题偶尔遭遇挑战，但经济全球化是不可阻挡的历史潮流，是大势所趋、人心所向。中国坚定高举开放合作大旗，在经济全球化的时代大潮中发展自己，也造福世界。党的十九届五中全会提出，实行高水平对外开放，开拓合作共赢新局面。这是以习近平同志为核心的党中央统筹中华民族伟大复兴战略全局和世界百年未有之大变局作出的重大部署，为新形势下对外开放指明了方向。

一 实行高水平对外开放

开放立潮头，扬帆再起航。海南是我国最大的经济特区，是 20 世纪 80 年代末"十万人才闯海南"创业的梦想之地。今天，这片热土又刮起了开放劲风，吹遍了南海之滨的天之涯海

今昔对比

20 世纪 80 年代末和如今的三亚

之角。随着海南自由贸易港建设的深入推进，一系列利好政策接连落地，多领域制度创新并进齐发，海南迎来了新一轮的发展机遇，将成为中国对外开放的新高地。新时代以来，我国不仅大力建设海南自由贸易港，还设立了 21 个自由贸易试验区，举办了 3 届中国国际进口博览会，全方位大力度推动对外开放向着更高水平发展。

开放带来进步，封闭必然落后。40 多年前，我们党作出了改革开放的历史决策，由此开启了波澜壮阔的对外开放进程。从创办经济特区"先行先试"到开放沿海城市"串点为线"，从开辟沿海经济开放区"连线成片"到全面开放沿海内陆地区"遍地开花"，从建立自由贸易试验区"纵深突破"到建设自由贸易港"优化升级"……对外开放的脚步不断加快，范围日益扩大，水平持续提升，中国以前所未有的开放胸怀和姿态拥抱世界。

但也要看到，我国对外开放的前路并非坦途，正面临着逆全球化的挑战。近年来，有的西方国家把经济衰退、两极分化、工人失业等国内问题归咎于经济全球化，重拾冷战思维，大搞保护主义、单边主义，频频"退群"、屡屡"毁约"，企图回到孤立脱钩的状态。习近平总书记指出："世界经济的大海，你要还是不要，都在那儿，是回避不了的。想人为切断各国经济的资金流、技术流、产品流、产业流、人员流，让世界经济的大海退回到一个一个孤立的小湖泊、小河流，是不可能的，也是不符合历史潮流的。"这种行径是开历史的倒车，与时代潮流背道而驰，是搬起石头砸自己的脚，最终难逃失败的结局。

直播实录

进博会成为世界经贸交流合作的重要平台

中国国际进口博览会（简称进博会），是我国举办的世界上第一个以进口为主题的大型国家级展会，旨在坚定支持贸易自由化和经济全球化、主动向世界开放市场。进博会从 2018 年开始，目前已举办 3 届。进博会的影响不断扩大，促进了世界各国经贸交流合作，促进了全球贸易和世界经济增长，推动了开放型世界经济发展，成为国际采购、投资促进、人文交流、开放合作的重要平台。图为 2020 年第三届进博会场馆。

自贸区成为我国对外开放新高地

自由贸易试验区（简称自贸区）是指在主权国家或地区海关管辖范围内，划出特定的区域，准许外国商品豁免关税自由进出。我国从 2013 年建立上海自贸区开始，到 2020 年已建成 21 个自贸区。自贸区已成为新时代对外开放的前沿阵地。图为上海自贸区一角。

中国开放的大门不会关闭，只会越开越大。回顾过去 40 多年，正是坚持对外开放基本国策，打开国门搞建设，我国才取得了举世瞩目的发展成就。展望未来，中国经济要迈上更高台阶，也必须在更加开放的条件下进行。建设更高水平开放型经济新体制，就是把握经济全球化的大趋势、适应我国对外开放新要求作出的重大战略选择。

扩内需和增外需互动。目前，我国是第一货物贸易大国，同 230 多个国家和地区有贸易往来，年进出口总额超过 32 万亿元，每分钟进出境货物价值 6000 万元。从出口看，贸易结构不断优化，机电产品、高新技术产品成为主体；从进口看，继续保持全球第二大进口国地位，进口关税总水平不断下降。总体看，我国对外贸易的总量蔚为可观，但综合竞争力仍有待加强。这就需要加快转变外贸发展方式，推动内需和外需、进口和出口高质量发展，加快建设贸易强国。

引进来和走出去并举。我国已成为双向投资大国，为全球高效配置资源发挥了重要作用。世界银行发布的2020年营商环境报告显示，中国营商环境在全球排名跃升至第31位，较上一年提升15位。2020年，我国实际使用外资近1万亿元，再创历史新高。同时，我国对外投资大国地位日益巩固，稳居全球对外直接投资流量前三。为促进双向投资的进一步提质增效，我国制定实施外商投资法及其配套法规，创新对外投资方式，不断提升引进来和走出去的质量水平。

促开放和护安全统筹。据不完全统计，目前海外中国企业达4.3万家，遍布全球190多个国家和地区，境外各类劳务人员近80万人，留学生约140万人。随着我国对外开放步伐

云端答疑

什么是营商环境?

答：营商环境是市场主体在各类经济活动中涉及的政务环境、市场环境、法治环境、人文环境等有关外部因素和条件的总和。一个地区营商环境的优劣，对区域内招商引资和企业经营效益具有重要影响，也会对经济发展状况、财税收入、社会就业情况等产生一定作用。自2003年以来，世界银行每年发布营商环境报告，对世界各经济体营商环境进行评估。

我国不断加大海外利益保护力度

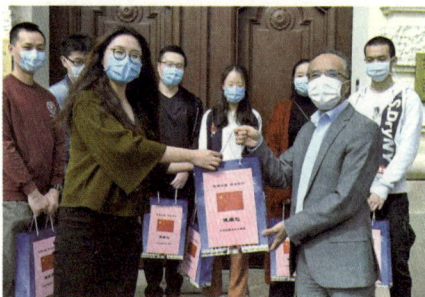

为保护海外公民、组织和机构的安全和正当权益，我国通过制定法律政策、加强领事保护、发布风险提示、完善海外安保、实施海上护航、组织海外救援等一系列有力措施，有效维护了我国海外安全和利益。图为中国驻奥地利大使馆向留学生发放防疫健康包。

的加快，海外中国企业和人员的数量不断增多，他们的经营安全、项目安全、财产安全和人身安全亟待得到有效保护。近年来，屡屡发生中资企业员工和留学生海外被抢被杀事件，给我们敲响了警钟。维护我国海外安全和利益刻不容缓，必须加快构建海外利益保护和风险预警防范体系，推进对外投资联络服务平台建设，提升突发事件应对和风险防控能力，维护海外同胞安全和正当权益，保障重大项目和人员机构安全。

二 "一带一路" 高质量发展

大道不孤，德必有邻；守望相助，携手抗疫。新冠肺炎疫情暴发以来，中国秉持人类命运共同体理念，力所能及给

"一带一路"沿线国家和地区提供人员、物资或技术援助，把口罩、检测试剂盒、防护服和呼吸机等抗疫必需品源源不断送到相关国家，充分体现了中国"岂曰无衣，与子同裳"的天下情怀。在这场全球公共卫生安全的保卫战中，中国以实际行动向世人证明，"一带一路"乃沿线国家和地区的健康之路、福祉之路。

"一带一路"即"丝绸之路经济带"和"21世纪海上丝绸之路"，是新时代中国与世界各国加强国际合作的重要平台。7年多来，"一带一路"倡议逐渐由点到面、由理念到行动、由愿景到现实，得到越来越多国家的认可和响应，成为

直播实录 🎤

中欧班列开行 10 周年

2021年3月19日，中欧班列迎来开行10周年。10年来，中欧班列年开行数量由最初不到20列发展到突破1.2万列，年均增速达108%，累计开行达3.8万列，运送集装箱近340万标箱，运送货物货值超过1600亿美元。截至2020年年底，国内累计开行中欧班列超过100列的城市增加至29个，专业运行线路达73条，通达欧洲21个国家、97个城市。图为满载货物的X8015次中欧班列从武汉吴家山站缓缓开出。

全球最受欢迎的国际公共产品之一。目前，中方已与170余个国家和国际组织签署200余份合作文件，"一带一路"的朋友圈不断扩大。当前，"一带一路"建设已到了深耕厚植、精雕细琢的关键阶段，要在勾画谋篇布局"大写意"的基础上，推动"一带一路"高质量发展，描绘出精谨细腻的"工笔画"。

基础设施"通"，让这幅画线条流畅。"一带一路"要高效运转起来，首先要把交通、电子商务、投融资体系分别联通起来，形成无缝衔接的网络。经过几年的努力，"六廊六路多国多港"的合作格局基本成型，大批互联互通基础设施成功落地，特别是亚吉铁路、马尔代夫中马友谊大桥、阿联酋阿布扎比码头、马来西亚关丹深水港码头等标志性工程相继投入使用，大大促进了资源要素的流动和配置。在此基础上，需要进一步优化互联互通网络，大幅提升沿线商品、技术、信息、资本等联通水平。

中老万象赛色塔综合开发区

巴基斯坦中国工业园

🎤

海外仓成为中国制造走出去的新驿站

海外仓是企业建立在海外的仓储设施。在跨境贸易中，国内企业将商品运往目的地国，在当地建立海外仓用以储存商品，根据当地销售订单第一时间作出响应。随着跨境电商蓬勃发展，我国企业加快完善包括海外仓在内的物流体系，海外仓呈现强劲增长势头。商务部公布的数据显示，目前，中国企业跨境电商海外仓数量超过1800个，面积超过1200万平方米，2020年增速达80%。图为我国企业在海外仓里装卸货物。

合作层次"高"，令这幅画大气磅礴。在"一带一路"的平台上，基础设施是前提，实现互利共赢关键还要靠产业和项目。比如，亚吉铁路西起埃塞俄比亚瑟伯塔站，东至吉布提多拉雷港站，横跨非洲两国，全长750多公里，沿线规划建设了多个工业园区，吸引包括中国在内的多国企业进驻，将被打造成为东非重要经济走廊。可以看出，产业和项目对于提升"一带一路"合作的层次具有极大促进作用。目前，我国已对外签署40多个产能合作文件、14个第三方市场合作文件，促进了各国共享发展，也大大拓展了我国与"一带一路"沿线国家和地区的合作空间。

欧亚经济联盟

欧亚经济联盟成立于 2015 年 1 月 1 日，成员国包括俄罗斯、哈萨克斯坦、白俄罗斯等，旨在 2025 年前实现联盟内部商品、服务、资本和劳动力自由流动，并推行协调一致的经济政策。2015 年 5 月，中国与俄罗斯签署《关于丝绸之路经济带建设和欧亚经济联盟建设对接合作的联合声明》，宣布启动中国与欧亚经济联盟经贸合作方面的协定谈判。

哈萨克斯坦"光明之路"

"光明之路"是哈萨克斯坦 2014 年制定的新经济政策，致力推进基础设施建设，发展国内运输网络，保障经济持续发展和社会稳定，并将哈萨克斯坦打造成连接中国、欧洲与中东各大市场的全球交通走廊。2016 年 9 月，中国与哈萨克斯坦签署《关于"丝绸之路经济带"建设与"光明之路"新经济政策对接合作规划》。

蒙古国"发展之路"

2014 年 9 月，蒙古国提出"草原之路"发展战略，在加强基础设施、经济多元化、结构调整等方面进行战略规划。后将"草原之路"名称调整为"发展之路"。2017 年 5 月，"一带一路"国际合作高峰论坛期间，中国与蒙古国签署中国"一带一路"建设与蒙古国"发展之路"计划对接谅解备忘录。

政策对接"顺"，使这幅画行笔自如。"一带一路"不是一家独奏，而是沿线国家和地区的大合唱，彼此战略对接、优势互补，才能音声相谐，形成最美和声。仅我国北面，"一带一路"就同欧亚经济联盟、哈萨克斯坦"光明之路"、蒙古国"发展之路"等形成对接，在更大范围内构建战略协作、机制匹配、规划相联的经济圈。在发展规划对接中，不同国家现行标准有可能存在差异，对加强互信合作造成了一定障碍。必须按照高标准、惠民生、可持续的要求，对接普遍接受的国际规则，提升软联通水平。

人文交流"深"，教这幅画气韵和美。自古以来，丝绸之路是一条经济繁荣发展之路，也是一条文明交流互鉴之路。就是沿着这条路，中国的思想文化、诗词歌赋、四大发明、农耕技术走向世界，佛教、伊斯兰教及阿拉伯的天文、历法、医药传入中国，中外文化在这里交汇融合，成为不同文明取长补短、共同发展的纽带。今天，"一带一路"也将成为不同文化融会贯通的文明大道，架起中国与沿线国家和地区民心相通的友谊桥梁。

三 参与全球经济治理体系改革

世界进入近代以后，经济活动不仅仅局限在一国或者一定区域内，资源配置和贸易分工开始在全球范围内进行，需要建立全球经济治理体系来协调各方利益。几百年间，资本主义国家主导建立了有利于其殖民扩张和贸易掠夺的经济治理体系。但这一体系并没有摆平资本主义内部的利益分赃问题，从而导致了第一次世界大战、第二次世界大战的相继爆发，旧有的全球经济治理体系也随之解体。

现行全球经济治理体系的基础是第二次世界大战后由美国主导建立的。1944 年 7 月，西方主要国家在美国新罕布什尔州布雷顿森林小镇签署协定，标志着布雷顿森林体系建立。根据协定，国际货币基金组织（IMF）、世界银行（WB）和关贸

云端答疑

什么是布雷顿森林体系?

答：布雷顿森林体系（Bretton Woods System）是指第二次世界大战后建立的以美元为中心的国际货币体系。1944 年，西方主要国家在美国新罕布什尔州布雷顿森林小镇确立了该体系。关贸总协定作为补充，连同布雷顿森林会议通过的各项协定，统称为“布雷顿森林体系”，即以外汇自由化、资本自由化和贸易自由化为主要内容的多边经济制度。这一体系的建立，促进了战后资本主义世界经济的恢复和发展。因美元危机与美国经济危机的频繁爆发，该体系被尼克松政府于 1971 年 8 月 15 日宣告结束。图为布雷顿森林会议代表合影。

总协定（GATT）作为这一体系的"三大支柱"，相继成立并运行，对战后资本主义世界的经济复苏和发展起到促进作用。随后，由于两大阵营的对峙，以苏联为首的"社会主义大家庭"实行高度集中的计划经济，推行与资本主义世界相互隔离的平行经济治理体系，这一局面直到苏联解体、东欧剧变后才被打破。西方国家主导的全球经济治理体系也在不断变革，布雷顿森林体系被牙买加体系取代，关贸总协定（GATT）升级为世界贸易组织（WTO）。到20世纪末，八国集团逐步控制了主要国际经济组织，成为世界经济权力的中心。

新世纪以后，尤其是2008年国际金融危机的爆发，暴露出新自由主义主导的全球经济治理体系的严重弊端，西方和非西方国家组成的二十国集团（G20）成为全球经济治理的主要平台，对国际金融危机后的世界经济复苏发挥了积极作用。但总的看，目前全球经济治理体系还有诸多不合理的地方。

——治理失效。面对

云端答疑

什么是 G20?

答：G20是二十国集团的简称，于1999年成立，由阿根廷、澳大利亚、巴西、加拿大、中国、法国、德国、印度、印度尼西亚、意大利、日本、韩国、墨西哥、俄罗斯、沙特阿拉伯、南非、土耳其、英国、美国19国以及欧盟组成。国际金融危机爆发后，G20在推动全球经济治理上的影响越来越大，在推进世界经济发展中发挥着越来越重要的作用。

当前世界经济中存在的问题，全球经济治理体系表现出"肌无力"，治理赤字较为突出。

——利益失衡。西方发达国家在全球经济治理体系中拥有更多主导权和话语权，新兴市场国家和发展中国家的利益难以得到有效保障。

——制度失灵。世界经济形态和产业格局发生深刻变化，而机制封闭化、规则碎片化十分突出，贸易和投资规则无法有效应对新问题新挑战。

综上所述，面对国际经济力量对比的深刻变化，面对全球经济增长乏力的现实问题，全球经济治理体系的代表性和

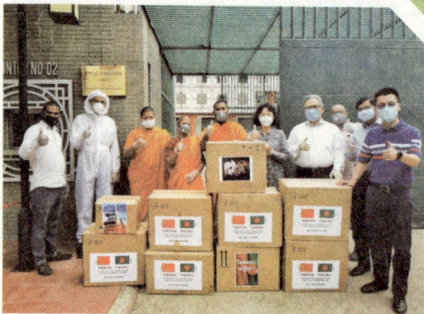

中国新冠肺炎疫苗源源不断运抵世界各地

有效性不强，亟待改革。中国作为世界第二大经济体，有责任推动全球经济治理体系变革，积极参与国际经贸规则制定，促进国际经济秩序朝着平等公正、合作共赢的方向发展。

多边贸易体制的坚定维护者。以世界贸易组织为核心的多边贸易体制，是解决全球贸易问题的主渠道。世界贸易组织成立20多年来，成员达到160多个，平均关税税率降低15%，覆盖全球98%的贸易额，在促进贸易投资自由化便利化上起到了极为重要的作用。当然，世界贸易组织的机制和运行也不尽合理，但其多边贸易体制主渠道的地位不可动摇。中国坚决反对任何形式的单边主义和保护主义，不主张推倒重来、另起炉灶，强调在多边主义的框架下积极推动世界贸易组织改革，使其更加适应经济全球化的发展趋势。

国际金融治理的积极参与者。金融是现代经济的血脉，国际金融体系是全球经济活动的中枢。美国前国务卿基辛格说过："谁控制了货币，就控制了世界。"在全球经济治理体系中，美国之所以拥有强大的主导权，根本就在于美元霸权为其鸣锣开道，使其在国际金融治理上占据绝对优势地位。中国积极参与全球经济治理体系变革的一项重要任务，就是防范和化解金融风险，不断提高参与国际金融治理的能力和水平。

新兴领域规则的重要制定者。眼下，全球正处于新一轮

弹幕屏语

- 合则共赢，斗则俱伤，世界经济不是"零和"博弈，而是"正和"繁荣。
- 开放是滚滚向前的历史潮流，中国永做融入世界弄潮儿、全球贸易护航者。
- "一带一路"不搞撒胡椒面式的"大水漫灌"，而是绣花式的"精准滴灌"。
- 全球治理体系改革不是推倒重来、另起炉灶，而是立破兼顾、推陈出新。
- 都已经2021了，还想回到1202去，武力至上、弱肉强食的规则早都行不通了。

科技革命和产业变革的风口，数字技术全面向经济社会各领域渗透，为完善全球经济治理带来新机遇。中国在数字经济的发展上具备一定优势，在一些领域拥有规则制定的话语权和影响力。2020年8月，美国《财富》杂志发布最新世界500强排行榜，在上榜的7家互联网公司中，中国企业占据4席。中国将加强数字经济领域国际合作，推动电子商务等规则制定，在优化全球数字经济发展环境上发挥更大作用。

合作共赢的潮流奔腾向前，开放融通的脚步永不停滞。经济全球化是经济发展和科技进步的必然结果，是人类走向美好未来的光明之路。中国将乘历史大势，走人间正道，同世界人民并肩前行，携手创造普惠全球、造福人类的更大奇迹。你在，或不在，自信的中国、开放的中国永远在这儿。

特别阅读

扫一扫

　　1.习近平：《在深圳经济特区建立40周年庆祝大会上的讲话》，《人民日报》2020年10月15日。

　　2.习近平：《在浦东开发开放30周年庆祝大会上的讲话》，《人民日报》2020年11月13日。

汔可小康盼大同

——共同富裕如何扎实推动？

11

　　"小康"一词源远流长，最早出现在儒家经典《诗经》中，《大雅·民劳》有"民亦劳止，汔可小康"的句子，小康在这里指的是生活比较安定的意思。后来，小康的意蕴衍变为比大同理想较低的社会状态。千百年来，小康是中华民族孜孜以求的美好希冀，表达了人民对幸福生活的无限向往。中国共产党用小康来定义中国式现代化的阶段性目标，团结带领亿万人民分步骤有计划地实现。当全球 1/5 的人口还在贫困线上挣扎时，14 亿多中国人民已过上小康生活，这是足以在中华民族历史上彪炳千秋的丰功伟绩，是值得在人类历史长河中大书特书的发展奇迹。

摆脱贫困落后，实现共同富裕，是全体中国人民的共同期盼，是中国共产党的庄严使命。全面建成小康社会，开启全面建设社会主义现代化国家新征程，实现了人民生活水平的又一次历史性飞跃。党的十九届五中全会在此基础上，宣示要把促进全体人民共同富裕取得更为明显的实质性进展摆在更加突出位置，吹响了朝着人民生活更高层次更为公平目标进发的嘹亮号角。

一 社会主义本质要求

共同富裕，简单地说，就是全体人民都过上好日子。在人类社会几千年的发展中，人们对这种美好生活有过无数次的憧憬，但在阶级社会条件下从来没有真正实现过。在奴隶社会和封建社会，由于生产力水平低下，社会物质财富只能满足少数统治者的富足生活，大多数人处于艰难困苦的生活状态，"朱门酒肉臭，路有冻死骨"形成鲜明对照，实现共同富裕既无主观可能，也不具备客观条件。到了资本主义社会，社会财富呈几何级数增长，但由于资本和劳动力在分配上的极不均衡，导致社会的大部分财富流入少数人手中，虽然工人的生活状况有所改善，但与资本家的差距越来越大，共同富裕在以资本为中心的社会是无法实现的。

社会主义本身就是作为资本主义的对立面而出现的，目标就是要改变人剥削人、少数人占有绝大多数财富的不公平状

- 小康社会千年都是镜花水月，社会主义百年奋斗梦想成真。
- 一家富不算富，大家富才是富，共富还得一步步，先富莫忘带后富。
- 他来了，他来了，中国人迈着共同富裕的脚步走来了。
- 过去是缺不缺、有木有，现在是棒不棒、优木优，未来是酷不酷、炫木炫。
- 我住长江头，君住长江尾，同饮一江水，天下共富美。

况，消除两极分化，最终实现共同富裕。马克思指出，随着个人的全面发展，生产力也增长起来，集体财富的一切源泉都充分涌流。"只有在那个时候，才能完全超出资产阶级权利的狭隘眼界，社会才能在自己的旗帜上写上：各尽所能，按需分配！"共同富裕是社会主义的本质要求，是激励无产阶级勇往直前的不竭动力。

苏联作为第一个社会主义国家，在实现全体人民共享共富上曾经作了初步探索，但后来苏共内部特权思想、特权现象不断滋长，形成了既得利益集团，逐渐偏离了社会主义的价值追求。中国共产党从成立之日起，就把让全体人民过上美好生活写在自己的旗帜上，并矢志不渝地为之奋斗。特别是改革开放后，我们党鲜明提出逐步实现共同富裕的目标，并制定了一系列战略加以推进，实现了人民生活从温饱到总体小康再到全面小康的历史性跨越。

今天，党团结带领人民站在了朝着实现共同富裕目标奋进新的历史起点上。我们重温马克思主义经典作家关于人民共富的设想，总结社会主义实践正反两方面经验，对共同富裕的内涵、路径和要求理解更加深刻。

共同富裕不是同时同步富。任何事物的发展，从局部到整体、从量变到质变，都是一个循序渐进的过程，不可能一蹴而就、一步到位。尤其对我们这样一个社会主义大国来说，总体发展底子薄，各地资源禀赋和基础条件不同，让所有地区、所有人同时同步富裕，既不可能也不现实。正是基于此，新时期以来，我们采取了非均衡发展战略，允许和鼓励一部分地区、一部分人先富起来，从而带动整个国家以世界上少有的速度发展起来。新世纪以来，党和国家通过实施一系列区域发展战略、打赢脱贫攻坚战、加大收入分配调节力度、推进公共服务均等化等措施，使不同地区、不同人群发展不平衡的状况得到缓解。

硬核知识

非均衡发展战略

非均衡发展战略是指将有限的资源优先投向效益较高的区域和产业，以促进这些区域和产业的发展，从而带动其他区域、其他产业发展的战略。由于各国及各地区自然资源禀赋和社会资源配置的差异性，在区域经济中采取非均衡发展战略是经济发展的普遍现象。

硬核知识

西部大开发

西部大开发是1999年提出，针对西部地区12个省份和3个单列地级行政区（四川、陕西、甘肃、青海、云南、贵州、重庆、广西、内蒙古、宁夏、新疆、西藏，湖北恩施、湖南湘西和吉林延边）的区域发展战略，目的是提高西部地区的经济和社会发展水平。

中部崛起

中部崛起是为促进中部6省（山西、安徽、江西、河南、湖北和湖南）共同崛起的一个区域发展战略，目的就是要将中部地区建设成为全国重要先进制造业中心、全国新型城镇化重点区、全国现代农业发展核心区、全国生态文明建设示范区、全方位开放重要支撑区。

东北振兴

东北振兴是我国针对东北4省区（黑龙江、吉林、辽宁和内蒙古东部5盟市）提出的区域发展战略，目的就是支持东北地区等老工业基地加快调整、改造，走出加快老工业基地振兴的新路子。

东部率先发展

东部率先发展是我国针对东部地区10个省份（北京、天津、河北、上海、江苏、浙江、福建、山东、广东和海南）提出的区域发展战略，旨在促进东部地区率先提高自主创新能力，率先实现高质量发展，在率先发展和改革中带动帮助中西部地区发展。

　　共同富裕不是搞平均主义。这实际上涉及效率和公平的关系问题。只讲效率不要公平，不符合共同富裕的原则，也背离社会主义的初衷；只求公平不要效率，搞平均主义也是不可取的。这方面我们是吃过亏的。计划经济年代，我们在分配制度上实行平均主义，吃"大锅饭"，干好干坏一个样，有的人累死累活还是吃不饱，有的人偷奸耍滑磨洋工照样挣工分，劳动人民的生产积极性受到极大挫伤，生产效率低下。到20世纪70年代末，我国有一半多人口仍处在温饱线以下。

　　共同富裕不是仅物质富裕。马克思主义认为，共同富裕的一个判断标准，就是实现人的自由而全面的发展。马克思在

就业、教育、医疗、养老等民生问题得到更好解决

《德意志意识形态》中对共产主义社会人们的生活作过描述，"随自己的兴趣今天干这事，明天干那事，上午打猎，下午捕鱼，傍晚从事畜牧，晚饭后从事批判"。这个设想虽然简单，但在他看来，美好生活不仅包括物质上的保证，也包括精神上的满足。从当今时代来看，随着人类生产生活领域的不断拓展和延伸，人们追求美好生活不仅停留在衣食住行等基本层面，对精神文化、民主法治、公平正义、发展安全和生态环境等方面的需求也越来越强烈。

二 改善人民生活品质

全国城镇平均每年新增就业 1300 万人以上，高等教育毛入学率达 54.4%，基本医保覆盖超过 13 亿人，全民自愿免费接种新冠肺炎疫苗，基本养老保险覆盖近 10 亿人，恩格尔系数降为 30.2%……这些硬核数据的背后，是中国人民生活"碗得服"的展现，是党和政府持之以恒改善民生的结果。

今天，中国人民早已告别了短缺经济时代，生活困顿、缺乏保障的日子已经一去不复返了，家家住上"小洋楼"在许多地方的农村成为"基本操作"，小轿车"飞入寻常百姓家"，上学难、房价涨等民生问题得到了有效缓解，人民获得感幸福感安全感不断提升。但也要看到，随着我国经济发展水平的不断提高，人们对生活品质的要求也"水涨船高"，人

"小洋楼"、小轿车已经成为很多农民生活的标配

民生活质量不断升级迭代。

　　根据马斯洛的需求层次理论，人们的需求层次会随着社会生产力水平的变化而变化，当低层次的需求被普遍满足之后，高层次的需求就会被激发出来，成为社会大多数成员的追求。改善民生必须适应这一发展趋势，推动社会建设高质量发展，不断满足人民日益增长的美好生活需要。

　　从有没有到好不好。经过长期努力，我国民生问题得到基本保障，"面"的覆盖基本做到了，解决了"有"的问题，但总体水平不高，质量和标准还有待提高。比如，从"居者有其屋"到"居者优其屋"有一定距离，从"有学上"到"上好学"仍需努力，从"全民养老、全民医保"到"高水平社会保障"亟待提升。改善人民生活品质，就是要把"好不好"作为衡量标准，为人们提供更好的教育、更稳定的工作、更满意的收入、更可靠的社会保障、更高水平的医疗卫生服务、更舒适的居住条件、更优美的环境。

从单一型到多层次。国家统计局数据显示，我国中等收入群体超过 4 亿人。随着我国居民收入水平不断提高，一部分收入较高群体越来越追求更高品质的生活、更为优质的服务。改善人民生活品质，就要适应这种需求分层的特点，在保基本全覆盖的同时，通过发挥市场的作用提供更多高端商品和服务，供有能力的人群选择和消费。

从同质化到个性化。现如今，DIY 亲身参与、私人专属定制、一对一量身打造、管家式贴心服务等个性化方式渐成潮流，成为人们追求美好生活的一种新风尚。实现人的自由而全

直播实录

教育部等 6 部门联合发文纠正唯分数、唯升学率的评价导向

2021 年 3 月，教育部、中央组织部、中央编办、国家发展改革委、财政部、人力资源社会保障部 6 部门联合印发《义务教育质量评价指南》，全面深化义务教育教学改革，促进义务教育内涵发展和质量提升，以学生发展质量评价为关键，不给学校下达升学指标，切实扭转不科学的教育评价导向。图为体育锻炼中的小学生。

城市居民喜迁新居

农民工参加创业培训

面的发展，其中一个重要的含义就是每个人都根据自己的需求过上适合的生活。因此，个性化就是更高品质生活的一个重要特征。必须根据人们差异化的生活需求，建立多渠道供给体系，让人们各取所需、各得其所。

当然，改善民生必须与经济发展水平相适应，既要尽力而为又要量力而行。根据国家财力状况，持之以恒地改善民生，让群众看到变化、得到实惠，但也不能过分吊高胃口，去干超越经济发展阶段的事，避免走有的国家跌入福利陷阱的弯路。

硬核知识

福利陷阱

福利陷阱，是一个比喻概念，通常是指一些国家由于实行高福利而带来的负面效应。庞大的福利支出让政府财政不堪重负，"从摇篮到坟墓"的保障导致经济社会缺乏活力，从而使整个国家陷入寅吃卯粮的恶性循环。

167

三 朝着共同富裕迈进

在中国这片 960 多万平方公里的土地上，中国人民的生活正在发生日新月异的变化，但发展不平衡不充分问题依然突出。繁华喧闹的都市与落后偏僻的乡村兼有，开放发达的东部与发展滞后的西部并存，消费不断升级的人群与刚刚脱贫摘帽的农民同在。这一个个难题，犹如横亘在前路上的"绊脚石"和"拦路虎"，影响着实现共同富裕和民族复兴的伟大进程。

国际经验表明，发展不平衡不充分是很多国家走向现代化必然面临的现象，如果处理不好，任其发展，会阻碍整个国家的发展，甚至会使国内矛盾激化，产生社会动荡和分裂。美国作为头号发达国家，发展不平衡的问题一直存在，并且至今也

直播实录

广西灵川建设特色鲜明的"网红村"

近年来，广西壮族自治区灵川县加快改善乡村村容村貌，不断完善基础设施，建设一批批"特色村""网红村"，打造乡村旅游的亮丽名片。图为该县甘草村民居以乡风文明、乡村振兴等为主题的墙绘。

没有完全解决好。拿区域发展举例，美国发达地区主要集中在东西海岸，中部地区面积较大但相对落后，2020年美国大选中，拜登赢得多数选票的477个县经济总量占全美的70%，特朗普赢得的2497个县仅占30%。可见，区域发展失衡是造成美国政治分歧和社会撕裂的一个重要原因。

实现共同富裕，是中国特色社会主义制度的优势所在，是社会主义优越性的集中体现。在朝着共同富裕迈进的道路上，必须采取更加有力的举措，加快解决发展不平衡不充分问题，避免今天的洼地成为明天的陷阱。

破除城乡二元壁垒。这些年，党和政府为了缩小城乡差距作出了很多努力，但随着工业化和城镇化进程的加快，城乡发展不平衡的问题依然突出，二元格局较为明显。2020年，我国城乡居民人均可支配收入比为2.56∶1。实现共同富裕，必须破除城乡之间的藩篱，推动资金、技术、人才、管理和数据等生产要素向农村聚集，深入推进农村各项改革，释放农业农村发展的活力动力，让农村和城市"比翼齐飞"，使城乡居民共享全面建设社会主义现代化国家的成果。

弥平区域失衡鸿沟。中国之大，纵跨温带和热带；长江之长，横穿高山和平原。虽然同在一个中国，同饮一江水，但生活在不同地区的人们，生活水平的迥异令人慨叹。在东部，我们有世界第一的港珠澳跨海大桥、最大货物吞吐量的宁波港、最大规模的工业制造城市群，这些"顶流"领跑全球；但在西

贵州雷山苗岭山乡发展插上网络翅膀

贵州省雷山县，过去因交通不畅、信息闭塞等因素，好资源藏在深山人未知，没能变成好产品。近年来，雷山县将发展农村电商作为脱贫攻坚重要举措，通过互联网和大数据应用，引进多家市场运营经验丰富的电商企业，打通了"产品出山"和"土货上网"的新通道。图为该县苗寨举行产品宣传活动。

部，有的少数民族群众刚刚摆脱原始落后的状态，"一跃千年"进入现代社会，有的老少边穷地区农民才解决"两不愁三保障"突出问题不久，他们的致富之路还任重道远。实现共同富裕，就要促进东中西部协调发展，让所有地区的人民都过上美好生活。

整治分配不公顽疾。实践证明，合理的收入分配格局，应该是高收入者和低收入者占少数、中等收入群体占大多数的"两头小、中间大"的橄榄型格局。目前，我国中等收入群体占总人数的三成左右，但低收入群体的比重仍然较大，扩中、提低的任务还很艰巨。实现共同富裕，必须加大收入分配制度改革力度，规范收入分配秩序，构建科学合理分配格局，使发展效率得到不断提高，社会公平得到有力维护。

1955 年，毛泽东同志在憧憬我国发展富强目标时，就鲜明指出，"这个富，是共同的富，这个强，是共同的强，大家都有份"。60 多年过去了，行进在追求共同富裕的康庄大道上，中华民族从来没有像今天这样蒸蒸日上、欣欣向荣，中国人民的生活从来没有像今天这样和谐美满、幸福安康。展望未来，看中华大地，普天同乐令人期待。

特别阅读

扫一扫

1.《中共中央国务院关于新时代推进西部大开发形成新格局的指导意见》，人民出版社 2020 年版。

2.习近平：《在全国脱贫攻坚总结表彰大会上的讲话》，《人民日报》2021 年 2 月 26 日。

居安思危多备虑

——发展和安全如何统筹？

12

2003 年，非典型肺炎突如其来，肆虐我国部分地区，导致几千人被感染，死亡率接近 10%。

2009 年，甲型 H1N1 流感在我国大范围传播，使 12 万多人染病，死亡人数超过 700 人。

2020 年，新冠肺炎疫情来势汹汹，是近百年来人类遭遇的影响范围最广的全球性大流行病，致使我国 9.7 万多人确诊，死亡人数超过 4900 人。

这一桩桩触目惊心的生物安全事件，为我们敲响了警钟，生物安全问题已经成为国家生存和发展面临的重大威胁。2020年 10 月 17 日，《中华人民共和国生物安全法》由全国人大常委会审议通过，并于 2021 年 4 月 15 日起正式施行。生物安全法的颁布，是将生物安全纳入国家安全体系的重要举措，为维护国家生物安全筑牢了法律屏障。

当前和今后一个时期，我国进入矛盾和风险的易发期，各种传统安全和非传统安全问题日益凸显。我们必须统筹好发展和安全两件大事，增强机遇意识和风险意识，坚持总体国家安全观，加强国家安全体系和能力建设，下好先手棋，打好主动仗，有效防范和化解各类风险挑战，确保社会主义现代化事业顺利推进。

一 发展和安全不可偏废

统筹发展和安全，是一个国家、一个民族生存与进步必须处理好的首要问题。发展解决的是动力问题，是推动国家和民族赓续绵延的根本支撑；安全解决的是保障问题，是确保国家和民族行稳致远的坚强柱石。它们犹如一枚硬币的两面，紧密相关、缺一不可，从来都是相依而生、存亡与共的。正如古人所言："故国虽大，好战必亡；天下虽安，忘战必危。"从起起落落的历史沉浮中，我们更能真切地体会到这一点。

清明上河图（局部）

历史上就出现过只追求发展不重视安全的例子，我国宋朝就是这样。两宋是我国历史上经济、文化、教育比较繁荣的时代。著名历史学家陈寅恪曾说，中华民族文明历千年演化，造极于赵宋。英国经济学家安格斯·麦迪森在《世界经济千年史》一书中提到，中国在公元 1000 年（宋真宗时期），GDP占世界总量近 1/4。但由于宋朝采取重文轻武的施政方针，在军事上较为羸弱，备受北方少数民族政权的压制，在 1127 年发生了"靖康之耻"，宋徽宗和宋钦宗同时被金人掳去，北宋灭亡。1276 年，元军攻破南宋都城临安，3 年后，8 岁皇帝赵昺在广东崖山被大臣陆秀夫背着跳海而死，南宋就此覆灭。翻看宋朝 300 多年的历史，一半是让人神往的大宋繁华，一半是令人心碎的家难国殇，个中滋味涌上心头。张择端《清明上河图》和王希孟《千里江山图》，就表达了画家对北宋时局的不同心境。

反之，也有的国家和民族一味强调安全而不注重发展，导

千里江山图（局部）

致停滞不前，最终被历史所淘汰。古希腊城邦斯巴达大力发展军事，抑制商业和贸易的发展，奉行全民皆兵的政策，斯巴达勇士曾经是勇气和力量的象征，一切社会活动和政体设计等都是为战争做准备。正如亚里士多德所说："譬如在拉栖第梦（斯巴达）和克里特，他们的教育制度和大部分法律都是依据从事战争这一目的制订的。"后来，斯巴达凭借强大的军事实力，在著名的伯罗奔尼撒战争中打败雅典，成为古希腊的霸主。但它称霸希腊只维持了短短33年，就在留克特拉战役中被另一城邦底比斯打败。斯巴达从称霸到衰落的故事说明，一个

斯巴达战士

政权可以凭借强大的军事力量盛极一时，但要确保其统治的经久不衰，发展经济至关重要。

以史为鉴，可以知兴替。发展和安全问题是古往今来执

政者需要做好的必答题。特别是随着人类社会的发展进步，工业化、信息化、经济全球化以及科学技术革命的加速推进，带来了风险隐患复杂性、易发性、扩散性、危害性的几何级数倍增，安全问题从来没有像今天这样凸显和重要。现在，我国发展到了一个新的阶段，内部矛盾越来越复杂，外部形势越来越严峻，各种不确定因素不断增多，"黑天鹅""灰犀牛"事件发生的概率增大，国家安全面临的挑战前所未有。党的十九届五中全会《建议》对统筹发展和安全设置专章作出全面部署，为新时代建设更高水平的平安中国提供战略指引。

硬核知识

"黑天鹅"事件

"黑天鹅"事件是指难以预测，但突然发生时会引起连锁反应、带来巨大负面影响的小概率事件。它存在于自然、经济、政治等各个领域，具有发生概率很小、高度不可预测性、一旦发生会带来严重后果等特征。"黑天鹅"事件虽然属于偶然事件，但如果处理不好就会导致系统性风险，产生严重后果。

"灰犀牛"事件

"灰犀牛"事件主要指明显的、高概率的却又屡屡被人忽视、最终有可能酿成大危机的事件。此类事件在社会各个领域都会出现，发酵之前往往不被重视，或者被当作一种正常的现象，以致错失了最好的处理或控制风险的时机，最后可能导致极其严重的后果。

安全是发展的前提。离开了安全，什么事都搞不成。没有国家安全，发展只能是"镜花水月"，取得的成果也可能毁于一旦。近些年来，西亚、北非的一些国家陷入连年战乱，国家岌岌可危，长期积累的财富付诸东流，人民生活在水深火热之中。2010年利比亚战争爆发前夕，人均GDP超过1.2万美元，接近高收入国家水平，经过10年的动荡，经济发展水平一落千丈。当前，我国社会主义现代化建设事业进入关键阶段，只有筑牢国家安全的堤坝，才能为"中国号"巨轮奋力前行保驾护航。

直播实录

战乱前后的利比亚

发展是安全的保障。发展是解决我国一切问题的关键，也是维护国家安全的根本。没有雄厚的国力支撑和物质基础，安全只能是"望洋兴叹"，心有余而力不足。随着我国国家安全内涵和外延的不断丰富，维护各领域安全的任务日益繁重，对经济投入的需求越来越大。仅我国公共安全支出一项，2021年中央财政预算就达到1850.92亿元，比上一年增长了0.7%。

在前进道路上，破解各种矛盾问题，化解各类风险挑战，归根到底要靠发展。但也要破除这样一个认识误区，以为发展起来了，什么都好办了。不发展有不发展的问题，发展起来后有新的问题，而且可能新问题的波及面更大、影响程度更深。不是说发展好了，安全就自动得到保障。如果安全问题不解决，发展成果就可能化为乌有。

进入新发展阶段，我们越来越深刻地认识到，统筹发展和安全是党治国理政的一个重大原则。必须坚持一手抓发展，一手抓安全，着力推动高质量发展，着力加强国家安全体系和能力建设，不断书写"两大奇迹"新篇章。

二 防范和化解各种风险

防范和化解金融风险是我国准确把握和主动应对重大风险挑战的一个重要方面。很多群体性事件，都是由于非法集资、P2P爆雷等引发的，处理得不好，波及面广、伤害程度深，极易对社会稳定造成严重冲击。近年来，国家打出一整套"组合拳"，防范化解重大金融风险攻坚战捷报频传：影子银行"瘦身塑形"、不良贷款"安排妥妥"、P2P网贷"清零退场"、隐性债务"阳光操作"、房住不炒"渐成共识"……2020年11月，中国人民银行发布的《中国金融稳定报告（2020）》显示，经过治理，中国金融体系重点领域的增量风险得到有效控制，

硬核知识

影子银行

影子银行是指常规银行体系以外的各种金融中介业务，像影子一样，不是真正的银行，但扮演着"类银行"的角色。为了防止影子银行的无序扩张，2017 年开始，我国金融监管部门对其加强了监管和规范，影子银行规模从 2017 年年初 100.4 万亿元的历史峰值降到 2019 年年末的 84.8 万亿元，削减了近两成。

不良贷款

不良贷款是指已经违约或接近违约的贷款。2002 年起，我国银行业正式全面推行贷款风险分类管理，将贷款划分为正常、关注、次级、可疑和损失 5 类，后 3 类合称为不良贷款。2020 年年末，我国商业银行不良贷款余额控制在 2.7 万亿元，占贷款总额的比率仅为 1.84%。

P2P

P2P（peer to peer lending），又称点对点网络借款，是一种将小额资金聚集起来借贷给有资金需求人群的一种网络借贷模式。截至 2020 年 11 月中旬，全国实际运营 P2P 网贷机构全部清零。

地方政府隐性债务

地方政府隐性债务是指地方政府在法定政府债务限额之外，通过非正常方式举借的债务。2018 年，中共中央、国务院下发关于防范化解地方政府隐性债务风险的意见，要求地方政府在 5—10 年内化解隐性债务。

存量风险得到逐步化解，金融风险总体可控，守住了不发生系统性金融风险的底线。

当前，我国面临的风险是多方面的，有国内的经济、政治、意识形态、社会风险以及来自自然界的风险，也有来自外部的经济、政治、军事风险等。特别要看到，各种威胁和矛盾联动效应明显，各种矛盾风险挑战源、各类矛盾风险挑战点相互交织、相互作用。如果发生重大风险又扛不住，国家安全就可能面临重大威胁，党和国家事业就会受到影响和冲击。

习近平总书记指出："前进的道路不可能一帆风顺，越是前景光明，越是要增强忧患意识，做到居安思危，全面认识和有力应对一些重大风险挑战。"必须把防范和化解各种重大风险摆在突出位置，掌握科学方法、务求实际效果，力争不出现重大风险，或出现重大风险时能够从容处置。

预防为主和科学化解相统一。风起于青萍之末，浪成于微澜之间。任何重大风险都不会是突然出现的，往往是从细微的苗头和因子开始的，如果发现和处理得不及时，就会扩散成大范围的风险，造成不可估量的后果。必须防患于未然，加强战略预判和风险预警，做到见微知著、心明眼亮，防范各种风险传导、叠加、演变、升级，把风险遏制在源头。如若已经出现重大风险，必须稳住阵脚、科学应对，予以有效及时处理。

全面防范和重点把控相结合。按照唯物辩证法两点论和重点论相统一的观点，各种风险无处不在、无时不有，防火墙要做到全天候作业，时时在线，但也不能"眉毛胡子一把抓"，不分主次、平均用力，必须突出重点、把握要害，做到"龙衮九章，但挈一领"。习近平总书记反复强调的政治、意识形态、经济、科技、社会、外部环境、党的建设7个领域重大风险，就是我们应当防范和化解的主攻方向。

精准判断和底线思维相兼顾。看清趋势、明了态势，是正确防范和化解各种风险的前提条件；从最坏处想、预判极端情况，是掌握防范和化解风险挑战主动权的基本方法。可以预见，今后很长一段时间内，在全球新冠肺炎疫情蔓延态

直播实录 🎤

重庆沙坪坝打造基层社会治理的"和顺茶馆"

重庆市沙坪坝区立足辖区实际，创新方法手段，精心打造回龙坝镇、磁器口古镇基层社会治理综合体，设立"和顺茶馆"，邀请经验丰富和有威望的党员、群众及法律工作者

担任调解员。当居民、商家、游客发生矛盾纠纷时，引导他们到"和顺茶馆"坐一坐，喝喝茶，顺顺气，摆摆"龙门阵"，最终化解纠纷。图为社区干部在"和顺茶馆"调解纠纷。

弹幕屏语

- 世界虽不是"黑暗森林",但也绝不是"岁月静好",没有防"危"之心,就容易招来祸患。
- 国家安全重千钧,铜墙铁壁须筑牢,稳定发展有保障,民族复兴成大道。
- 大海中的航船要乘风破浪、行稳致远,不仅要时刻把准航向、铆足动力,也要警惕狂风巨浪、暗礁浅滩。
- 把好"源头关"、做好"排查课"、种好"责任田"、练好"处置术",做公共安全"守护神"。
- 朝阳群众擦亮千里眼,西城大妈竖起顺风耳,海淀网友揪出潜水鬼,群策群力护一方平安。

势未能得到有效遏制的情况下,我国疫情零星散发和局部聚集性暴发的风险仍然存在,必须做到准确判断和分析疫情形势,不可麻痹大意,不能产生松懈思想,把预案做在前、把措施想到位,全方位无死角做好疫情防控工作,同时高质量推动经济社会发展。

提高能力和健全制度相并重。国家安全体系和能力建设,是国家治理体系和治理能力现代化的重要内容。一方面,必须把国家安全能力建设作为重中之重,着力增强风险预警能力、研判能力、应急能力、处置能力等,做到运筹帷幄、有效应对;另一方面,必须把制度建设作为管长远、管根本的制胜之策,健全领导体制和工作机制,完善重要领域法律法规、制度、政策,为维护国家安全提供坚强保障。

三　织密织牢安全防护网

"打不尽豺狼决不收兵""扫不清黑恶誓不罢手"……2020年，扫黑除恶专项斗争向藏匿深处的魑魅魍魉发起总攻，深入开展线索清仓、逃犯清零、案件清结、伞网清除、黑财清底、行业清源的"六清"行动，尽锐出战端老巢、拔硬钉，坚决把黑恶势力一网打尽。收官之战的雷霆之势，让黑恶势力无处可逃，将他们绳之以法，还社会公平正义，还百姓祥和安宁。

国以安为兴，民以安为乐。安全，关乎国家的生存发展，关乎社会的和谐稳定，关乎人民的幸福生活。维护安全是一

直播实录

扫黑除恶专项斗争取得全面胜利

从 2018 年 1 月开始，一场席卷全国的扫黑除恶专项斗争迅速展开，以雷霆之势、千钧之力发起强大攻势，有黑必扫、除恶务尽，让黑恶势力无处遁形。截至 2020 年年底，全国共依法打掉涉黑组织 3644 个、涉恶犯罪集团 11675 个，依法查处了孙小果案、"操场埋尸案"等一批疑难复杂大要案，狠狠打击了黑恶势力，为民除害、大快人心。图为扫黑除恶行动。

个系统工程，涵盖政治安全、国土安全、军事安全、经济安全、文化安全、社会安全、科技安全、信息安全、生态安全、资源安全、核安全等各领域，是一个纵向到底、横向到边的安全网络。根据党的十九届五中全会《建议》要求，下一步的关键是抓好确保国家经济安全、保障人民生命安全、维护社会稳定和安全等重要任务。

经济发展"守卫者"。经过长期的发展，我国经济已成长为"大块头"，具备了较强的抗风险和防冲击能力。但目前，我国经济正处于从高速增长转向高质量发展的过程中，"换挡转轨"往往会带来一系列矛盾和问题。其中有内部的也有外部的，有客观的也有主观的，有短期的也有长期的，有尚未彻底解决的也有新出现的，相互交织、彼此叠加，增加了经济发展中的风险挑战和不确定性。必须加强经济安全风险预警、防控机制和能力建设，实现重要产业、基础设施、战略资源、重大科技等关键领域安全可控，确保中国经济列车动力强劲、行稳致远。

生命财产"保护神"。公共安全连着千家万户，事关人民群众生命财产安全，事关改革发展稳定大局。近年来，重大公共卫生事件、重大自然灾害、重大生产安全事故频仍，充分说明公共安全形势不容乐观。必须警钟长鸣、常抓不懈，把人民生命安全摆在首位，严格落实安全生产责任制，完善国家应急管理体系，提高食品药品等关系人民健康产品和服务的安全保障水平，全力托起公共安全的底线。

社会稳定"安全员"。近年来，浙江省诸暨市枫桥镇继续擦亮基层治理的"金字招牌"，坚持"矛盾不上交、平安不出事、服务不缺位"，探索创造了新时代"枫桥经验"。必须在深入总结好经验好做法的基础上，大力推动工作方式和体制机制创新，从源头上和根本上预防化解人民内部矛盾。完善社会治安防控体系，必须走好群众路线，坚持专群结合、群防群治，布下防范和打击违法犯罪的"天罗地网"。

发展和安全，是决定国家兴衰成败的两件大事。发展为本，只有紧紧抓好发展不停步，国家才能获得源源不断的动力；安全为要，只有牢牢扭住安全不放松，国家才能拥有稳定向好的环境。在穿越"历史三峡"的伟大航程中，发展和安全一起发力，必将助推中国特色社会主义巨轮劈波斩浪、勇往直前，顺利抵达民族复兴的光明彼岸。

直播实录

江苏如皋强化市场抽检确保食品安全

江苏省如皋市把食品安全作为关系人民健康生活的大事来抓，大力加强对农贸市场、商超、餐饮店消耗量较大的食用农产品、预包装食品等的抽检，确保百姓买到放心、安全的食品。图为该市执法人员对蔬菜进行抽检取样。

特别阅读

扫一扫

1.《习近平关于总体国家安全观论述摘编》，中央文献出版社2018年版。

2.《习近平关于防范风险挑战、应对突发事件论述摘编》，中央文献出版社2020年版。

13 运筹帷幄谋全局

——为何强调坚持系统观念？

讲到坚持系统观念，主体功能区建设就是这一科学方法的实际运用。我国 960 多万平方公里国土是一个生态大系统，需要根据不同区域的特点赋予不同的功能，按照优化开发、重点开发、限制开发、禁止开发的方式，宜工则工、宜农则农、宜生态则生态，形成各有分工、彼此支撑的发展局面。这就像一个人的居室空间，需要分出客厅、卧室、书房、厨房和卫生间等，满足日常生活的各种需求。近年来我国不断完善主体功能区制度，就是用系统观念加强生态环境治理的集中体现，是从全局和整体上建设生态文明、实现人与自然和谐共生的重大举措。

经济社会发展是一个高度耦合、系统集成的统一体，各个部分、各个环节紧密联系、相互作用，必须坚持科学系统的观点，而不是片面地、孤立地、静止地看待和处理问题。进入新发展阶段，我国发展环境面临深刻复杂变化，发展不平衡不充分问题仍然突出，经济社会发展中矛盾错综复杂，必须从系统观念出发加以谋划和解决，全面协调推动各领域工作和社会主义现代化建设。

一 基础性的思想工作方法

系统观念，是以系统的观点看待事物发展的世界观和方法论，是人们认识世界和改造世界的基本思维。我国古代就有许多关于系统观念的思想，比如"阴阳""五行""八卦"等学说，都蕴含了古人对世界万事万物相生相克的朴素看法，在中医、军事、农业等方面得到了初步运用。西方哲学中也很早就有过系统观点，20世纪30年代美国生物学家贝塔朗菲提出一般系统论原理，为现代系统论奠定了基础。

马克思主义唯物辩证法十分注重系统观念，强调事物是由若干相互作用、相互依赖的部分组合而成的，具有特定功能的有机体，主张全面地而不是片面地、发展地而不是静止地、普遍联系地而不是孤立地观察世界。中国共产党是运用系统观念解决实际问题的典范。1956年毛泽东同志发表的《论

重庆坚持系统治理改善长江上游生态环境

近年来，重庆市按照推动长江经济带高质量发展的要求，认真落实"共抓大保护、不搞大开发"方针，通过加强生态修复，统筹山水林田湖草系统治理，不断筑牢长江上游重要生态屏障，打造"山清水秀美丽之地"。图为位于长江支流大宁河流域的鱼头湾。

十大关系》，就是娴熟运用系统观念的光辉篇章。他在总结新中国初期建设和苏联模式经验教训的基础上，提出要处理好重工业和轻工业、农业，沿海工业和内地工业，经济建设和国防建设，国家、生产单位和生产者个人，中央和地方，汉族和少数民族，党和非党，革命和反革命，是非，中国和外国这十大关系。今天我们重温这部名篇，满满的系统观念跃然纸上。

党的十八大以来，以习近平同志为核心的党中央始终坚持系统观念推动发展，突出强调的"五位一体"总体布局、"四个全面"战略布局、新发展理念、社会主义核心价值观、总体国家安全观、人类命运共同体等重大战略思想，都是洞悉时势、总揽全局的"大手笔"，贯穿了丰富深刻的系统思维。在新时代波澜壮阔的伟大进程中，"全面""总体"等系统观点是最鲜明的标识。

历史带来启迪，实践增添智慧。从历史和现实、理论和实践的结合上，我们对系统观念这一基础性思想工作方法的认识更加深入。要看到，社会发展是一根链条，社会结构越复杂、规模越庞大，链条就越精密，任何一个环节"掉链子"，都可能造成整根链条的中断。这就好比一架飞机，由几百万个零件组成，任何一个零件存在缺陷，都可能出现问题，甚至造成灾难性后果。

坚持全面整体的观点。任何事物都有整体和部分之分，整体决定着事物性质和发展方向，部分是事物的组成要素和内在构件。现实中，有的人容易以偏概全，以部分代替整体，犯

直播实录

京津冀联防联控打好蓝天保卫战

京津冀及周边地区按照"责任共担、信息共享、协商统筹、联防联控"的原则，建立京津冀环境执法联动工作机制，确定定期会商、联动执法、联合检查、重点案件联合后督察、信息共享等工作制度，共同推进区域大气污染联防联控工作。图为2022年冬奥会场地之一河北崇礼美景。

蝴蝶效应

蝴蝶效应，指在一个系统内初始条件下微小变化能带动长期的、巨大的连锁反应。通常的表述是，一只南美洲亚马逊河流域热带雨林中的蝴蝶，偶尔扇动几下翅膀，可以在两周以后引起美国得克萨斯州的一场龙卷风。这一概念，由美国气象学家爱德华·洛伦兹于1963年在一篇论文中提出，他模拟了气候的变化，并用图像来表示，发现图像十分像一只张开双翅的蝴蝶，因而形象地将它称为蝴蝶效应。

"盲人摸象""管中窥豹""坐井观天"的错误，对未来走向的判断出现偏差，使事业发展遭受曲折。只有整体全面看待问题，才能抓住事物发展的主要矛盾和矛盾的主要方面，做到观大势、明大局、谋大事。

坚持普遍联系的观点。"蝴蝶效应"引发遥远地方数周后的飓风、"多米诺骨牌效应"带来牵一发而动全身的连锁反应、"城门失火，殃及池鱼"产生始料未及

"多米诺骨牌"连锁反应

"多米诺骨牌"连锁反应，是指在一个相互联系的系统中，一个很小的初始能量就可能产生一系列的连锁反应，人们把这种现象称为"多米诺骨牌效应"或"多米诺效应"。

辽宁统筹山水林田湖草沙系统治理

辽宁省位于我国东北地区南部，南临渤海、黄海。近年来，辽宁省以生态文明建设为统领，以改善环境质量为核心，统筹山水林田湖草沙系统治理，推进农村环境综合整治，全面落实河长制、湖长制，全省生态环境质量持续向好。图为该省盘锦市红海滩风景区。

的次生灾害……这些看似匪夷所思的现象，实际上背后都存在着必然的联系。按照唯物辩证法的原理，事物之间以及事物内部各要素，是相互依赖、相互影响、相互作用、相互转化的关系。只有坚持统筹兼顾、协调推进，才能不出现短板和弱项，避免影响整体水平的提高。

坚持运动发展的观点。古希腊哲学家赫拉克利特以"人不能两次踏入同一条河流"的名言，说明了客观事物永恒运动的哲理。恩格斯在《反杜林论》中对这个观点表示赞同，并进行了升华和完善，他认为："没有任何东西是不动的和不变的，而是一切都在运动、变化、生成和消逝。"可以说，运动发展是事物存在的基本方式。只有坚持以动态变化的观点来分析和把握，才能扣住时代的脉搏，跟上发展的步伐，做到开拓创新、与时俱进。

二 我国发展是个系统工程

新时代以来，全面深化改革奏响奋进凯歌，激荡在中华大地的每一个角落。7年多时间，2000多项改革举措全面发力、多点突破、纵深推进，全方位立体化地改进各领域体制机制。这场广泛而深刻的社会革命，影响着社会发展的方方面面，使党的领导和社会主义制度的优势得到有力彰显，使中国特色社会主义大系统的能量得到充分释放。

人类社会在狭义上说，同自然界一样，也是由若干部分和要素构成的大系统。其中各子系统、各组成部分、各要素之间具有逻辑关联，它们既相对独立又交织作用。马克思恩格斯在考察人类社会发展基本规律之后认为，社会系统至少包括生产力系统、生产关系系统、上层建筑系统3个子系统，生产力和生产关系、经济基础和上层建筑的相互作用及矛盾运动，推动了社会的发展进步。从当今时代来看，社会活动的涉及面和复杂度大大增加，出现了很多新变化，虽然社会系统更加细分化和具体化，但总体上没有超出马克思恩格斯所指明的大框架。

我国作为超大规模的社会主义国家，具有超巨型的人口数量、超强劲的经济实力、超广阔的疆域国土、超悠久的历史传统、超深厚的文化积淀，每一个"超级因素"在世界上都是屈指

山西平定以娘子关为龙头系统推进高质量发展

娘子关位于山西省平定县，处于山西、河北两省交界处，是万里长城的重要关隘，素有"天下第九关"之称。近年来，平定县以娘子关景区为龙头，以34个传统村落和53个绿色村庄为依托，以砂器、刻花瓷、紫砂为产业重点，全力推进文化和旅游融合发展，打造经济高质量发展新引擎。图为该县娘子关镇河北村新貌。

可数的，我们的发展就像一艘巨轮在海上航行。特别是随着党和国家事业的不断发展，社会主义现代化建设的实践日益丰富和多样，时空范围越来越广、更迭频率越来越快、结构层次越来越多、影响程度越来越深。拿起社会分析的"望远镜"和"显微镜"来观察，我国发展系统性、整体性、相关性的特点十分明显，是一个纵横连贯、井然有序的有机整体。

从横向看，我国发展涉及经济社会的方方面面。我们常说，"改革发展稳定、内政外交国防、治党治国治军"，"经济建设、政治建设、文化建设、社会建设、生态文明建设和党的建设"，这些说法都是对我国发展全面性的一种概括性表述。如何更加明确地理解这一点，可以从党和国家机构组成作一简要分析。目前，中央部门 16 个、直属事业单位 9 个，国务院组成部门 26 个、直属特设机构 1 个、直属机构 10 个、办事机构 2 个、直属事业单位 9 个、国务院部委管理的国家局 16 个，涵盖党和国家事业的各项工作。

从纵向看，我国发展贯通中央地方的各个层级。1954 年《中华人民共和国宪法》规定，将我国地方行政区划分为省级、县级、乡级，从而形成了中央到地方四级政权。改革开放后，市管县改革得到推广，在县级之上增加了市级行政层级，自此五级行政架构基本成型，延续至今。在这个行政体系中，中央稳坐中军帐，运筹帷幄、号令四方；省、市两级坚守一方，承上启下、居中协调；县、乡两级身处一线，坚决执行、狠抓落实。

直播实录 🎤

构建一体推进不敢腐、不能腐、不想腐的体制机制

党的十九大以来，全国纪检监察机关注重系统集成、协同高效，一体推进不敢腐、不能腐、不想腐，把治标和治本结合起来，把惩治的震慑力、制度的约束力、思想的感召力统一起来，实现统筹联动、同向发力、效应叠加，不断巩固发展反腐败斗争压倒性胜利，推动全面从严治党取得重大战略性成果。图为"红通人员"蔡瑛回国投案。

从内部看，我国发展包括每个领域的诸多元素。社会主义现代化建设事业由若干领域构成，每个领域都是一个庞大而复杂的子系统。就拿经济领域举例，按照国家标准化管理委员会最新修订的分类标准，我国国民经济行业分类可分为 20 个门类、97 个大类、473 个中类、1381 个小类。我国仅制造业就有 31 个大类、179 个中类、609 个小类，拥有联合国产业分类所列的全部制造业门类，是全世界生产制造品类最齐全的国家。

三 坚持系统观念谋划发展

"全国一盘棋"是从整体上谋划推进我国发展的形象说法，是坚持系统观念的集中体现。推动发展就好比下一盘围棋，无论是布局抢点，还是攻防进退，甚至是弃子争先，都要从总体上来权衡，统筹各方关系，兼顾不同利益，从而实现社会主义现代化建设的最大效能。坚持全国一盘棋，就是要以系统观念谋划发展，自觉做到识大体、顾全局。

坚持系统观念是我国社会主义制度的显著优势。邓小平同志在《前十年为后十年做好准备》中指出，"社会主义同资本主义比较，它的优越性就在于能做到全国一盘棋"。我国坚持党的集中统一领导、生产资料公有制为主体、民主集中制的根本原则，从而为系统观念的有效实施提供了政治保证和物质基础。这与西方资本主义国家有着本质的区别，它们的政治经济制度决定了系统观念很难推行，施政者只能考虑任期内的短期事情、更多代表所在集团的局部利益。

党的十九届五中全会《建议》从我国发展实际出发，首次将坚持系统观念作为"十四五"时期我国经济社会发展必须遵循的基本原则。落实好全会精神，必须统筹中华民族伟大复兴战略全局和世界百年未有之大变局，从系统观念出发加以谋划和推进，更好发挥中央、地方和各方面积极性，着力固根基、扬优势、补短板、强弱项，注重防范化解重大风险挑战，实现发展质量、结构、规模、速度、效益、安全相统一。

直播实录

河南郑州"一网通办、一次办成"加快推进政务服务改革

老百姓眼中的一件事，往往涉及多部门多窗口，原来要一个个跑，现今只需对着一个窗口。新冠肺炎疫情发生后，河南省郑州市围绕个人常办的出生、就学、创业、退休、公积金提取等事项，以及企业常办的工商注册、社保缴纳、工程建设、纳税服务等事项，以系统思维再造办事流程，推出"一网通办、一次办成"服务，持续不断减材料、减环节、减时限、减跑趟，让企业和群众办事更便捷。图为该市市民在工作人员的指导下使用政务服务APP。

直播实录

湖南坚持"五级书记抓扶贫"打赢脱贫攻坚战

为坚决打赢脱贫攻坚战，湖南省加强党对脱贫攻坚工作的全面领导，坚持"五级书记抓扶贫"，明确省委是"总前委"、市委书记是"纵队司令"、县委书记是"一线总指挥"、乡镇党委书记是"主攻队长"、村支部书记是"尖刀排长"，一级抓一级，层层抓落实，细化扶贫任务，明确责任分工，形成上下同心、全力共抓促攻坚的工作局面。图为该省花垣县十八洞村第一书记向农户了解茶苗种植情况。

深谋远虑、科学预见，加强前瞻性思考。中国有句古话，"凡事预则立，不预则废"。不论做什么事，都要提前做准备，这样就能因势利导、趋利避害。中国特色社会主义是一项长远的事业，无论是党的十三大提出的"三步走"发展战略还是党的十五大谋划的新"三步走"发展战略，无论是党的十九大擘画的新时代"两步走"战略安排还是党的十九届五中全会明确的2035年远景目标，都是高瞻远瞩、着眼未来所作出的战略部署。坚持系统观念，就要拉长视距、放开眼界，准确把握形势发展的走向，妥善做好应对风险的准备，牢牢把握推动经济社会发展的主动权。

高屋建瓴、通盘酬算，加强全局性谋划。全面建成社会主义现代化强国，不是某方面的"一枝独秀"，而是富强民主文明和谐美丽目标的集成实现。我们强调以经济建设为中心，不是说做好经济工作就"一俊遮百丑"，而是每个环节都不能"拖后腿"。坚持系统观念，就要对"国之大者"心中有数，关注党中央在关心什么、强调什么，深刻领会什么是党和国家最重要的利益、什么是最需要坚定维护的立场，多打大算盘、算大账，少打小算盘、算小账，善于把本地区本部门的工作放到大局中进行思考和定位，把党中央的决策部署同本地区本部门的实际有机结合，正确认识大局、坚决服从大局，做到在大局下行动、在大事上作为，防止出现"邻避效应"等本位主义问题。只有加强全局性谋划，才能兼顾局部利益和整体利益，调动中央和地方两个积极性，使我国经济社会大系统的投入产出比最大化。

运筹帷幄、决胜千里，加强战略性布局。

弹幕屏语

- 挥好指挥棒，组好多声部，弹好协奏曲，唱响全面发展时代歌。
- 头痛医头，脚痛医脚，往往是治标不治本；精准把脉，综合施治，才能药到病除。
- 深化改革之所以全面，就是要"循序渐进"更要"系统集成"，要"重点突破"更要"整体推进"。
- 改革不能"单兵突进"，发展不能"零敲碎打"，稳定不能"顾此失彼"，治国理政大局"全程高能"。
- 国家大棋局纵横交错，落一子而系全盘；社会大系统千头万绪，牵一发而动全身。

对于我们这样一个大国来说，从战略上思考问题至关重要。毛泽东同志的《论持久战》之所以被誉为"克敌制胜最高战略"，就因为它在准确判断中日双方态势的基础上，作出抗日战争须经历战略防御、战略相持、战略反攻3个阶段的科学论断，积小胜为大胜、以空间换时间，为最终打赢抗日战争指明了方向。今天，14亿多人要迈入现代化，也是一场大仗和硬仗，需要从战略上考量和部署。必须突出重点、以点带面，统筹推进"五位一体"总体布局，协调推进"四个全面"战略布局，为奋斗新征程规划战略路径、提供战略支撑。

全面施策、多措并举，加强整体性推进。"木桶原理"告诉我们，一个国家和社会的整体发展水平，不仅取决于发展最

硬核知识

"木桶原理"的短板效应和长板效应

"木桶原理"是系统论的一个著名原理，通常是指用一个木桶来装水，如果组成木桶的木板长短不一，那么它的盛水容量是由最短的木板决定的，这就是我们经常讲的短板效应。与此同时，也有人从企业发展实践出发提出了长板效应，讲的是企业的发展不是由弱项来决定的，而是由长项来决定的，只要有核心优势，就会吸引其他辅助资源向企业聚集。人们一般认为，短板效应适用于成熟市场经济中企业之间的竞争模式，而长板效应适用于新兴市场经济。

好的部分，也受限于发展落后的地方。我们要建设的现代化是惠及全体人民的现代化，如果区域和城乡之间发展不平衡，不同群体的收入差距问题不解决，现代化的认同感就不高，社会主义制度的优越性也无从谈起。坚持系统观念，必须奏响区域发展协奏曲，推进城乡一体化，让全体人民劳有所得，共享中华民族从富到强的丰硕成果。

中国特色社会主义是一项复杂而系统的艰巨事业，是人类历史上最大规模的社会革命，要完成这一非凡的历史任务，需要有高超的智慧和思维，为之付出不懈努力和奋斗。只要我们牢牢掌握系统观念这个锐利的思想武器，就一定能够拨开重重迷雾，洞悉发展大势，驾驭错综局面，统筹做好各项工作，推动民族复兴伟业不断跃上新台阶。

特别阅读

扫一扫

1. 习近平：《坚持历史唯物主义不断开辟当代中国马克思主义发展新境界》，《求是》2020年第2期。

2.《习近平在中央政治局第二十六次集体学习时强调　坚持系统思维构建大安全格局　为建设社会主义现代化国家提供坚强保障》，《人民日报》2020年12月13日。

奋楫扬帆逐浪高

——新发展奇迹如何创造？

14

长江黄河如此澎湃，三山五岳这般磅礴，2021 年我们迎来中国共产党成立 100 周年。一个世纪以来，我们党从上海石库门到嘉兴南湖，从延安到北京，一艘小小红船长成了巍巍巨轮，承载着人民的重托、民族的希望，越过急流险滩，穿过惊涛骇浪，扬帆远航在中华民族伟大复兴的壮丽征程上。蓦然回首峥嵘岁月，百年大党胸怀千秋伟业，恰是风华正茂，气象举世无双。

　　一切早已开始，一切远未结束。站在"两个一百年"奋斗目标的历史交汇点上，全面建设社会主义现代化国家新征程胜利开启。前进道路上，不管乱云飞渡，还是风吹浪打，我们党始终秉持以人民为中心，不忘初心、牢记使命，以坚如磐石的信心、只争朝夕的劲头、坚韧不拔的毅力，一步一个脚印把前无古人的伟大事业推向前进，创造让世界刮目相看的新的更大奇迹。

一　坚定发展主心骨

　　为从党的百年奋斗历程中汲取前进的智慧和力量，巩固深化"不忘初心、牢记使命"主题教育成果，党中央决定，从 2021 年 2 月开始，在全党开展党史学习教育。这次专题教育，紧紧围绕深入总结中国共产党百年奋斗的光辉历程和宝贵经验，紧紧围绕学懂弄通做实习近平新时代中国特色社

精**彩**快闪

各地各单位开展形式多样的党史学习教育

主义思想，通过学史明理、学史增信、学史崇德、学史力行，教育引导广大党员、干部学党史、悟思想、办实事、开新局，弄清楚中国共产党为什么"能"、马克思主义为什么"行"、中国特色社会主义为什么"好"等基本道理，坚定不移听党话、跟党走，在全面建设社会主义现代化国家伟大实践中建功立业。

办好中国的事情，关键在党。回顾我们党100年来的奋斗历程，无论是革命岁月的浴血奋战，还是建设年代的筚路蓝缕，无论是改革时期的闯关夺隘，还是新时代以来的砥砺前行，我们之所以能够战胜重重困难，从胜利走向新的胜利，根本就在于党的领导定向领航。今天，我们踏上了全面建设社会主义现代化国家的新征程，可以预想，前进的道路上面临的风险考验只会越来越复杂，甚至会遇到难以想象的惊涛骇浪。要实现我们的伟大目标，必须加强党的领导，不断增强党的创造力、凝聚力、战斗力，为实现中华民族伟大复兴的中国梦提供有力政治保证。

集中统一领导维护核心。邓小平同志曾说："任何一个领导集体都要有一个核心，没有核心的领导是靠不住的。"尤其是对于我们这样一个大党大国来说，9100 多万名党员、14 亿多人口世所罕见，要团结带领全党全国人民步调一致向前走，朝着社会主义现代化的目标顺利迈进，没有党中央的集中统一领导是根本不行的，没有坚强的领导核心是难以做到的。必须坚持党的全面领导，贯彻党把方向、谋大局、定政策、促改革的要求，推动全党深入学习贯彻习近平新时代中国特色社会主义思想，增强"四个意识"、坚定"四个自信"、做到"两个维护"，完善上下贯通、执行有力的组织体系，确保党中央决策部署有效落实。

全面从严治党决不松劲。2020 年，"打虎""拍蝇""猎狐"持续发力，18 名中管干部接受审查调查，28 名"红通人员"陆续落网，保持了惩治腐败的高压态势。面对全面从严治党的新形势新任务，必须保持态度不能变、决心不能减、尺度不能松，

什么是"五个更加突出"？

答：十九届中央纪委五次全会强调，各级纪检监察机关要深入学习贯彻党的十九届五中全会精神，切实做到"五个更加突出"，即更加突出政治监督，更加突出高质量发展主题，更加突出整治群众身边腐败和作风问题，更加突出发挥监督治理效能，更加突出严管厚爱结合、激励约束并重。

围绕"五个更加突出"的要求，不断提高政治判断力、政治领悟力、政治执行力，一刻不停推进党风廉政建设和反腐败斗争，充分发挥全面从严治党的引领保障作用，以强有力的政治监督，确保"十四五"时期目标任务落到实处。

民主政治制度自我完善。党的十九届五中全会《建议》的诞生过程，就是在党的领导下发扬民主、开门问策、集思广益的过程，是我们党内民主和社会主义民主的生动实践。仅网上征求意见，两周内就收到留言100多万条，从中整理出的1000余条建议，从不同方面为文件的修改和完善提供了参考。贯彻好全会精神，也必须发挥好我国社会主义民主政治的独特优势，坚持党的领导、人民当家作主、依法治国有机统一，把选举民主和协商民主、过程民主和结果民主、形式民主和实质民主结合起来，最大限度地凝聚社会共识，把全体人民的力量汇集到党中央各项决策部署上来。

"天下将兴，其积必有源。"夺取新时代中国特色社会主义新胜利，建成社会主义现代化强国，要靠党领导人民来实

直播实录

浙江平湖以情景党课推动党史学习教育"活"起来

浙江省平湖市积极创新党史学习教育方式，深化和拓展党课形式，充分发挥实物道具、智能技术和教育基地等作用，让党史上的一些重大事件、重要会议和重要人物得到生动具象的重现，让参与者身临其境、感同身受，在潜移默化中受到深刻的党性教育。图为该市组织的"红色剧本杀"沉浸式情景党课。

现。走过 100 年历史的中国共产党，将以一茬续一茬的不懈奋斗实现国家富强，以一棒接一棒的顽强毅力推进民族复兴。这种高度的历史自觉、主动的责任担当，让我们党这个"弄潮儿"永远走在时代前列，成为国家和民族创造一个又一个奇迹的"定海神针"。

二 凝聚最大公约数

积极因素，简单地说，就是推动事物发展的进步力量，有显性的积极因素，也有潜在的积极因素。1956 年，毛泽东同志说过："我们一定要努力把党内党外、国内国外的一切积极的因素，直接的、间接的积极因素，全部调动起来，把我国建设成为一个强大的社会主义国家。"可以说，调动一切积极因素，是中国革命、建设和改革的宝贵经验，是我们党一以贯之的基本方针。

当前，中国特色社会主义事业进入新的阶段。站在历史和未来、中国和世界的交汇点上，看"十四五"规划和2035年远景目标，不仅是以更大奇迹续写中国故事的恢弘篇章，而且是以更大担当造福人类发展的壮丽征途。征途漫漫，唯有奋斗。实现这一伟大的目标，需要把全党全国各族人民凝聚起来，广泛团结一切可以团结的力量，形成推动发展的强大合力。

直播实录

香港各界支持全国人大完善香港选举制度

2021年3月11日，十三届全国人大四次会议表决通过了《全国人民代表大会关于完善香港特别行政区选举制度的决定》。香港各界人士及团体宣布成立"撑全国人大决定 完善选举制度"连线，发起宣传解读、全港大签名等系列活动，支持全国人大完善香港选举制度的决定。图为香港各界人士及团体举行的"撑全国人大决定 完善选举制度"连线成立仪式暨新闻发布会现场。

增强港澳"向心力"。香港、澳门回归20多年来，背倚祖国内地的坚强后盾，经济社会获得了长足发展。目前，两地在发展中不同程度地遇到一些问题，解决这些问题，根本之道就是坚守方向、踩实步伐，全面准确贯彻"一国两制"、"港人治港"、"澳人治澳"、高度自治的方针，坚持依法治港治澳，维护宪法和基本法确定的特别行政区宪制秩序，落实中央对特别行政区全面管治权，落实特别行政区维护国家安全的法律制度和执行机制，保持港澳长期繁荣稳定。港澳同胞历来具有爱国主义传统，需要加强教育引导，增强其国家意识和爱国精神，更好融入民族复兴的伟大进程。

画好两岸"同心圆"。两岸同胞是打断骨头连着筋的骨肉兄弟，是血浓于水的一家人，任何人任何势力都阻挡不了祖国统一的历史大势。推进两岸关系和平发展，必须坚持一个中国原则和"九二共识"，以两岸同胞福祉为依归，坚决遏制"台独"分裂活动和外部势力干涉，共同维护中华民族根本利益。壮大中华民族经济是造福两岸同胞、推动民族复兴的大好事，我们将携手广大台商和台湾同胞，加强两岸产业合作，打造两岸共同市场，使海峡两岸经济融合发展呈现出更加光明的前景。

架起世界"连心桥"。当今世界，开放与封闭、合作与对立、前进与倒退等各种力量相互交织，不稳定性不确定性如迷雾般弥漫全球，人类社会何去何从？习近平总书记在多个重大国际场合，提出了构建人类命运共同体的重大倡议，为各国人民同心应对挑战贡献了中国智慧。特别是当前新冠肺炎疫情仍在全球肆虐的情况下，中国将继续参与国际抗疫合作，实施互利共赢的开放战略，促进可持续发展，推进科技创新，推动构建新型国际关系，积极营造良好外部环境。

三　脚踏实地加油干

2021年3月11日，十三届全国人大四次会议决定批准"十四五"规划纲要。此时，距离党的十九届五中全会通过"十四五"规划建议仅过了4个多月。在4个多月的时间内，从指导性的中央建议到行动性的政府纲要，党的意志通过法定程序成为国家意志，为未来5年各级政府推动发展明确了"路线图"和"任务书"。

当前，中华民族伟大复兴进入关键时期，到了一个愈进愈难、愈进愈险而又不进则退、非进不可的时候，犹如逆水行舟用力撑，一篙松劲退千寻。我们全面建成小康社会，已经令世界瞩目赞叹。继续带领十几亿人进入现代化，又将如何让世界刮目相看？这对中国共产党、中国人民、中华民族都具有非凡的意义，也是一个巨大的考验。

这是继往开来、勇立潮头的风华之政党。放眼当今世界政坛，百年大党寥若晨星，有的痼疾丛生、积重难返，也有的内讧分裂、危机四伏，还有的日薄西山、暮气沉沉，唯有中国共产党朝气蓬勃、意气风发，以执政党和革命党的姿态引领着一个东方大国实现雄心壮志。遥想我们党的下一个百年，将以不负人民、不负民族的初心使命，以敢于斗争、敢于胜利的革命精神，以无愧于时代、无愧于历史的辉煌业绩，再次向世人证明，中国共产党是重振中华荣光的中流砥柱，是实现世界大同的中坚力量。

这是自信自强、生机盎然的复兴之民族。未经黑暗，便看不到光明的可贵；未经磨难，就不懂得复兴的意义。180多年来，中华民族的自信从跌入谷底转为奋起向上，民族的命运从晦暗卑微迎来万丈曙光，民族的力量从羸弱不堪走向雄浑铿锵，从来没有一个民族像中华民族这样历经苦难辉煌，从来没有一个国家像中国这样愈挫愈强。再过30年，到第二个百年奋斗目标实现时，一个高度发达的社会主义现代化强国将屹立于世界东方，一个

弹幕屏语

- 百年大党铸就千秋伟业，亿万先锋开创万世太平。

- 万山磅礴看主峰，沧海横流显砥柱，伟大事业要靠党来引领，壮丽航程要靠党来掌舵。

- 以天下为一家，以中国为一人，方能上下同欲者胜。

- 回望来时路，历经苦难辉煌，成就人间壮举；展望新征程，寄托光荣梦想，书写盛世华章。

- 每个人都有梦想，就能汇聚起托举中国梦的洪荒伟力；14亿多人都奋力奔跑，定能到达民族复兴的高光时刻。

伟大强盛的古老民族将展现出万千生机，富强之中国、文明之中国、世界之中国的美好图景令人期待、催人奋进。

这是以梦为马、不负韶华的奋斗之人民。以梦想为岸、以实干作桨、以精神扬帆，乘着浩荡的时代东风，14亿多人在抒写着精彩的人生，也创造着国家的未来。无论你是逆行出征的白衣战士还是奋战一线的扶贫干部，无论你是创新创造的产业工人还是助农兴农的带货达人，无论你是勇攀高峰的科研人才还是守护希望的人民教师……每个人都是自己的英雄，每个人都了不起。或许你只是一滴水，汇入滚滚的浪潮，就能爆发冲出绝壁、奔涌向前的无穷力量；或许你只是一束光，融入复兴的大势，就能放射澄澈玉宇、照亮千秋的璀璨光芒。

百年征途路漫漫，阔步向前启新程。从建党的开天辟地，到新中国成立的改天换地，到改革开放的翻天覆地，再到党的十八大以来党和国家事业取得历史性成就、发生历史性变革，

我们走过千山万水，创造了足以让中国人民引以为豪的辉煌历史。我们走在民族复兴的大路上，身后是前人希冀的目光，迎着太阳升起的方向，且看苍山如海、风光无限，何惧风云变幻、世事沧桑。

特别阅读

1. 习近平：《在党史学习教育动员大会上的讲话》，《求是》2021 年第 7 期。

2. 《国家主席习近平发表二〇二一年新年贺词》，《人民日报》2021 年 1 月 1 日。

扫一扫

后 记

参加本书起草和修改工作的有：张首映、何亦农、季正聚、辛鸣、张博颖、林文勋、樊伟、齐东向、王承哲、邱吉、刘伟、张明明、常培育、韩喜平、胡前安、杨生平、双传学、彭庆红、李向军、贺祖斌、韩宪洲、李仰智、张桥贵、赵勇富、曾维伦、王德强、喻立平、张际、李晨阳、戴世平、杨建军、字振华、李鹏、祝丹涛、王玉强、祁一平、单继刚、韩士德、孙存良、曾峻、许星、李竟涵、田侠、高天琼、熊卫松、陈璐、吴功铭、雷化雨、陈瑞来、兰定兴、晏然、蒋旭东、薄洁萍、欧阳辉、曹建文、张垚、黄延敏、孔军、赵义良、卞志村、叶海涛、蓝茵茵、沈静慧、孙贺、张含、李永杰、郭海军、李琦、严星、陈新剑、吴俊、胡业飞、林志鹏、陈妮、朱梦君、寸丽香、向征、陈谦、李念、张瑜、孙君镕、魏晓敏、陈瑶、胡靖、熊文景、寿英孜、韩翌旸、韩祥宇、崔晓丹、韩绮颜、陈婷、侯逸峰、肖楠、李钰、谢文涛、张英琇、奚佳梦、张蕊、杨雅杰、林扬千、刘洋、吴银萱、冯歌、张雪、姜如雪等同志。侯军、谢祥、朱凯、杨丽雯、杨磊同志自始至终参加了调研、起草、修改和统稿工作。徐李孙、何成同志主持本书的编写工作。

本书在编写过程中，得到了中央有关部门和部分单位负责同志以及专家学者的大力支持。中央财办、中央党校（国家行政学院）、中央党史和文献研究院、国家发展改革委、科技部、农业农村部、文化和旅游部、国家统计局、中国社科院、国务院发展研究中心、中国国际问题研究院等部门和单位，韩文秀、曲青山、庹震、陈宝生、谢伏瞻、雒树刚、何毅亭、冷溶、甄占民、方江山、夏伟东、陈扬勇、姜辉、施芝鸿、吴德刚、赵建国等同志提出了宝贵意见。孙业礼同志审改了全部书稿。

编　者
2021 年 6 月